# 쌩쌩한자 자격시험

한자동요로 신나게 준비해요!

6급

# 시험 안내

**(사)한자교육진흥회 주관, 한자실력급수 자격시험**
(사)한자교육진흥회에서 주관하고 한국한자실력평가원에서 시행하는 국가 공인 한자 자격증 시험입니다.

## ◉ 시험 절차 ◉

한국한자실력평가원 홈페이지 바로가기 ▶

**시험 접수하기**
1년에 4회 있는 시험 일정을 한국한자실력평가원 홈페이지(https://hanja114.org)에서 확인하고 인터넷 또는 방문 접수합니다. 접수 후 수험표를 출력 또는 수령합니다.
· 한자 자격시험 문의: 02-3406-9111

**시험 응시하기**
수험표와 신분증, 필기구를 지참하고, 고사장에 20분 전에 입실합니다.
· 신분증: 학생증, 주민 등록증, 여권 등
· 필기구: 검정색 펜, 수정 테이프

**합격 여부 확인하기**
합격자 발표일에 인터넷 홈페이지에서 합격 여부를 확인하고 자격증을 수령(합격자 발표일로부터 3~10일)합니다.
· 인터넷 원서 접수자: 자격증 우편 수령
· 방문 원서 접수자: 자격증 접수처 수령

## ◉ 시험 요강 ◉

6급은 한자 70자, 교과서 한자어 62단어를 공부하여
60분 동안 80문제를 풀어서 56문제 이상 맞으면 합격입니다!

| 급수 | | 교양 급수 | | | | | | | 공인 급수 | | | |
|---|---|---|---|---|---|---|---|---|---|---|---|---|
| | | 8급 | 7급 | 6급 | 준5급 | 5급 | 준4급 | 4급 | 준3급 | 3급 | 2급 | 1급 | 사범 |
| 평가 한자 수 | 계 | 50자 | 120자 | 170자 | 250자 | 450자 | 700자 | 900자 | 1,350자 | 1,800자 | 2,300자 | 3,500자 | 5,000자 |
| | 선정 한자 | 30자 | 50자 | 70자 | 150자 | 300자 | 500자 | 700자 | 1,000자 | 1,300자 | 2,300자 | 3,500자 | 5,000자 |
| | 교과서 한자어* | 20자 (13단어) | 70자 (43단어) | 100자 (62단어) | 100자 (62단어) | 150자 (117단어) | 200자 (139단어) | 200자 (156단어) | 350자 (305단어) | 500자 (436단어) | 500단어** | 500단어** | 고전 및 한시 |
| 문항 수 | | 50 | 50 | 80 | 100 | 100 | 100 | 100 | 100 | 100 | 100 | 150 | 200 |
| 합격 기준(%) | | 70 | 70 | 70 | 70 | 70 | 70 | 70 | 70 | 70 | 70 | 70 | 80 |
| 시험 시간(분) | | 60 | 60 | 60 | 60 | 60 | 60 | 60 | 60 | 60 | 60 | 80 | 120 |

*3급 이하 교과서 한자어는 쓰기 문제가 출제되지 않습니다.  **1, 2급은 직업군별 실용 한자어입니다.

**6급**
한자·한자어를 주제별로 익혀요

# 한자
# 도레미

- 6급 선정 한자
- 와우! 내 실력!

- 6급 교과서 한자어
- 와우! 내 실력!

# 1 수 한자

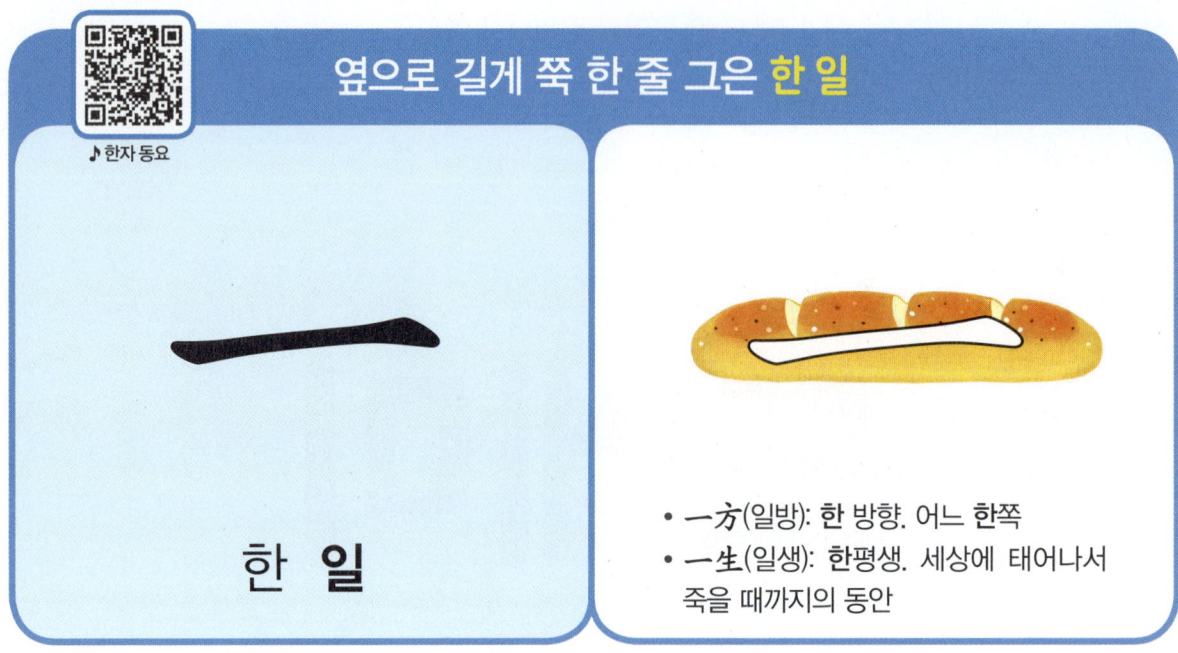

### 옆으로 길게 쭉 한 줄 그은 한 일

♪한자 동요

一

한 일

- 一方(일방): 한 방향. 어느 한쪽
- 一生(일생): 한평생. 세상에 태어나서 죽을 때까지의 동안

▶ '한'은 '하나' 즉, 숫자 '1'을 뜻함.

✏️ **한자 쏙쏙** 한자의 뜻과 음(소리)을 큰 소리로 읽으며, 순서에 맞게 쓰세요.

| 一 | | | | | |
|---|---|---|---|---|---|
| 一 | 一 | 一 | 一 | | |
| 한 일 | 한 일 | 한 일 | 한 일 | | |
| | | | | | |
| | | | | | |

🌱 **생활 쏙쏙** 한자로 쓰인 한자어의 음(소리)을 쓰세요.

(1) 이 길은 一方( ___방 )통행만 가능합니다.

(2) 선생님은 평화 통일을 위해 一生( ___생 )을 바치셨습니다.

> 정답 및 해설은 **151**쪽

📅 ........ 월 ........ 일

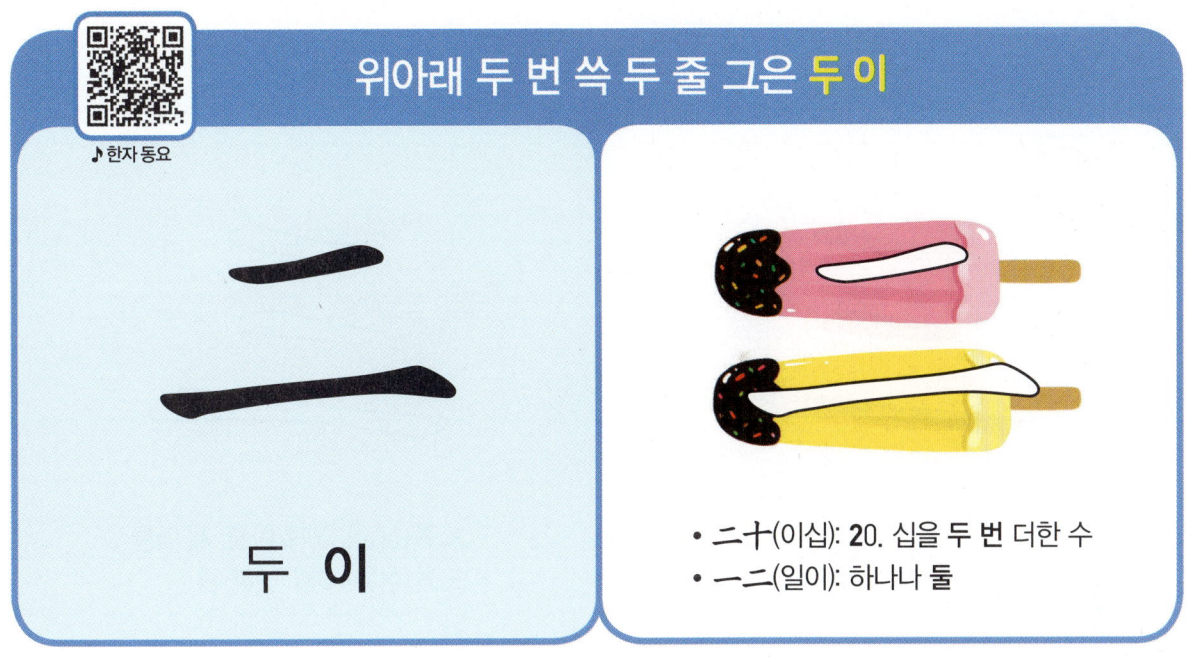

### 위아래 두 번 쓱 두 줄 그은 **두 이**

♪한자 동요

二

두 이

- 二十(이십): **20**. 십을 두 번 더한 수
- 一二(일이): 하나나 둘

▶ '두'는 '둘' 즉, 숫자 '2'를 뜻함.

✏️ **한자 쓱쓱** 한자의 뜻과 음(소리)을 큰 소리로 읽으며, 순서에 맞게 쓰세요.

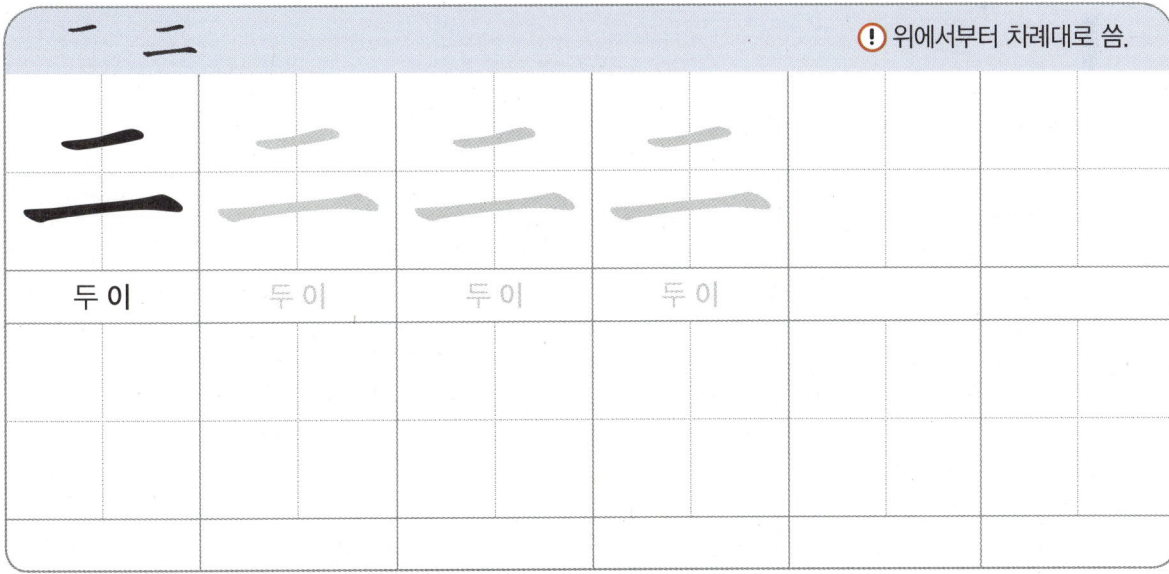

❗ 위에서부터 차례대로 씀.

🌱 **생활 쓱쓱** 한자로 쓰인 한자어의 음(소리)을 쓰세요.

(1) 二十( ___십 ) 분 뒤에 공연이 시작합니다.

(2) 一二( 일___ ) 년 사이 키가 부쩍 자랐습니다.

한자 도레미

## 2 수 한자

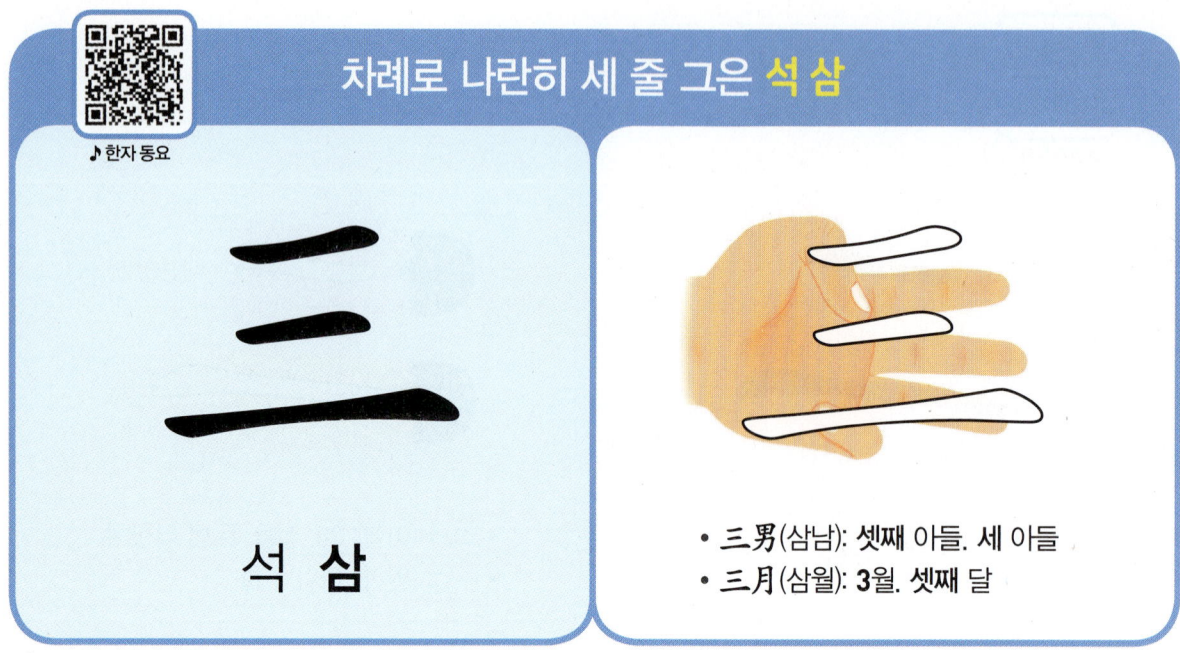

> '석'은 '셋' 즉, 숫자 '3'을 뜻함.

**✏️ 한자쏙쏙** 한자의 뜻과 음(소리)을 큰 소리로 읽으며, 순서에 맞게 쓰세요.

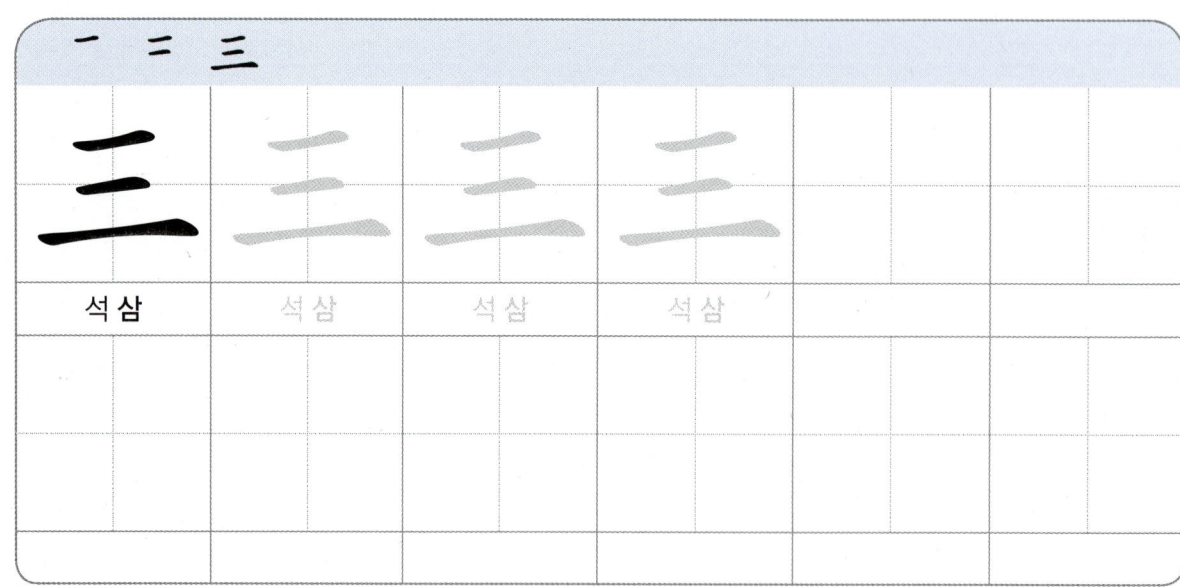

**🌱 생활쏙쏙** 한자로 쓰인 한자어의 음(소리)을 쓰세요.

(1) 어머니는 三男( ___남 ) 이녀 중 막내입니다.

(2) 三月( ___월 )이 되자 꽃이 만발하였습니다.

## 반듯한 긴 네모 두 쪽 나눈 **넉 사**

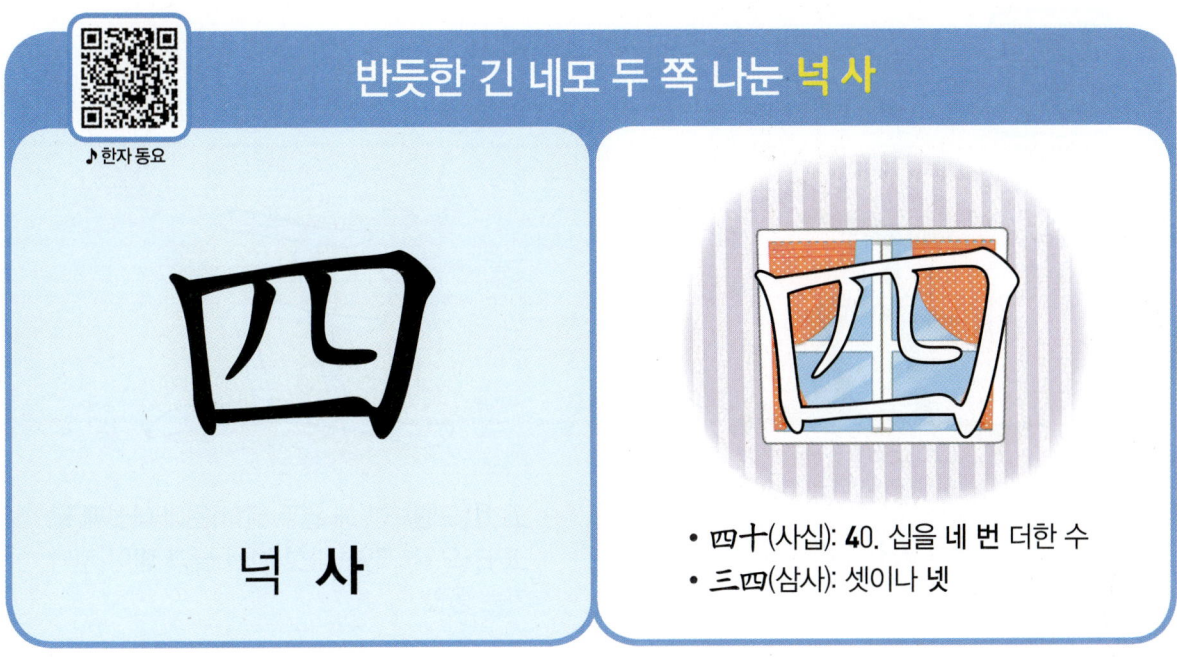

넉 사

- 四十(사십): 40. 십을 네 번 더한 수
- 三四(삼사): 셋이나 넷

▶ '넉'은 '넷' 즉, 숫자 '4'를 뜻함.

### 한자 쏙쏙  한자의 뜻과 음(소리)을 큰 소리로 읽으며, 순서에 맞게 쓰세요.

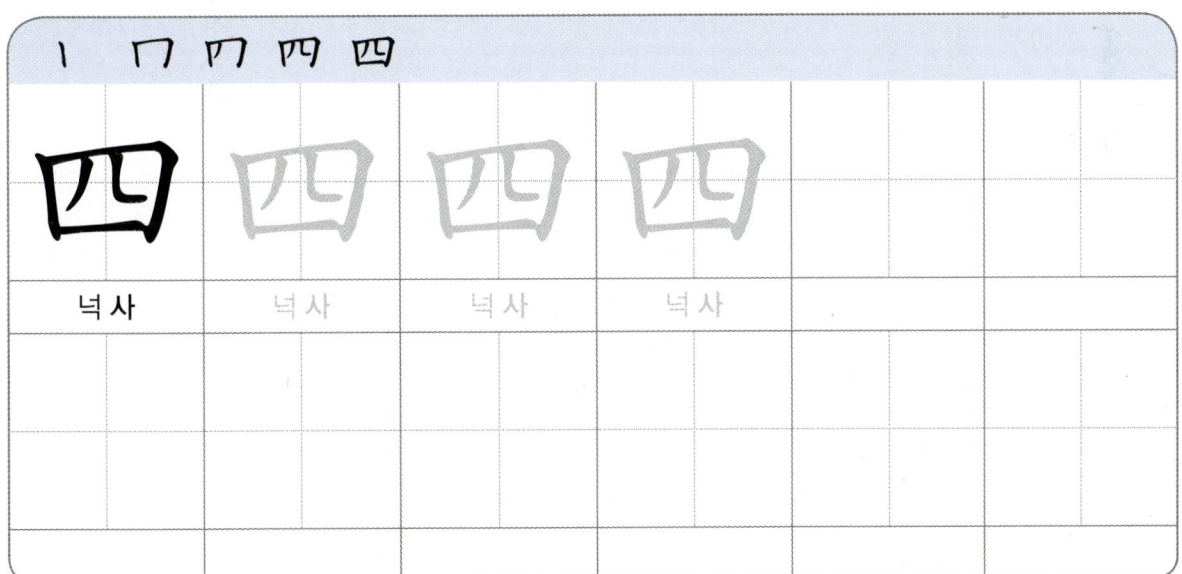

### 생활 쏙쏙  한자로 쓰인 한자어의 음(소리)을 쓰세요.

(1) 계속되는 폭염으로 낮 최고 기온이 四十( ___ 십 ) 도까지 치솟았습니다.

(2) 사이렌 소리가 三四( 삼 ___ ) 분가량 계속되었습니다.

# 3 수 한자

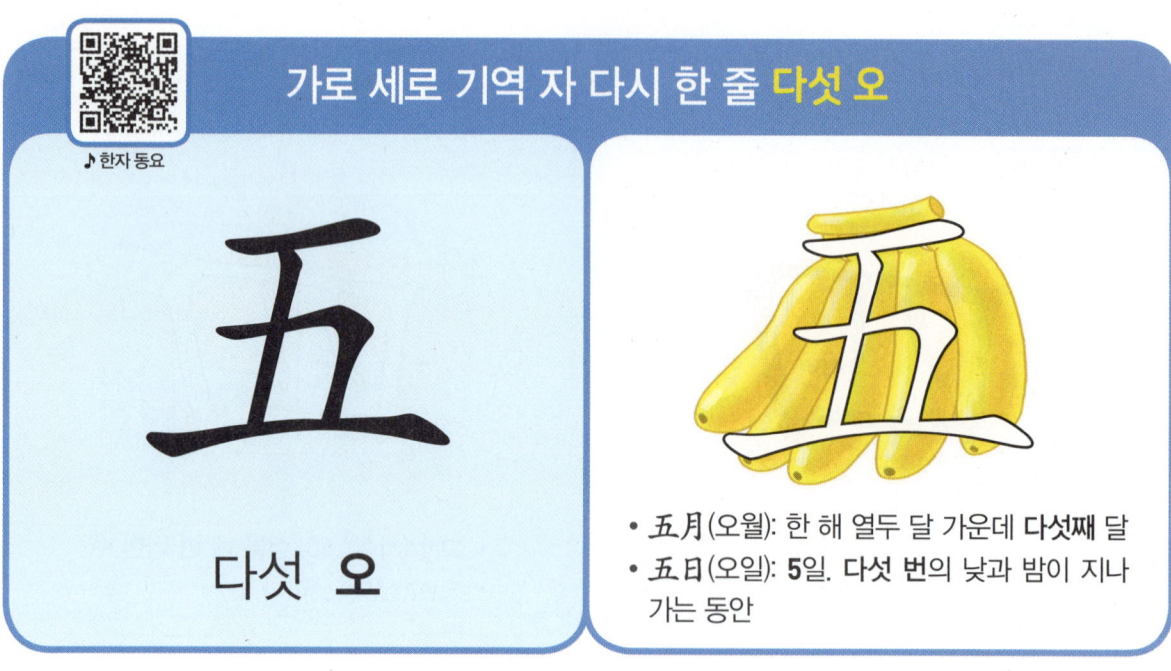

가로 세로 기역 자 다시 한 줄 **다섯 오**

♪한자 동요

五
다섯 오

- 五月(오월): 한 해 열두 달 가운데 **다섯째** 달
- 五日(오일): 5일. 다섯 번의 낮과 밤이 지나가는 동안

**한자 쏙쏙** 한자의 뜻과 음(소리)을 큰 소리로 읽으며, 순서에 맞게 쓰세요.

一 丁 五 五

五　五　五　五

다섯 오　다섯 오　다섯 오　다섯 오

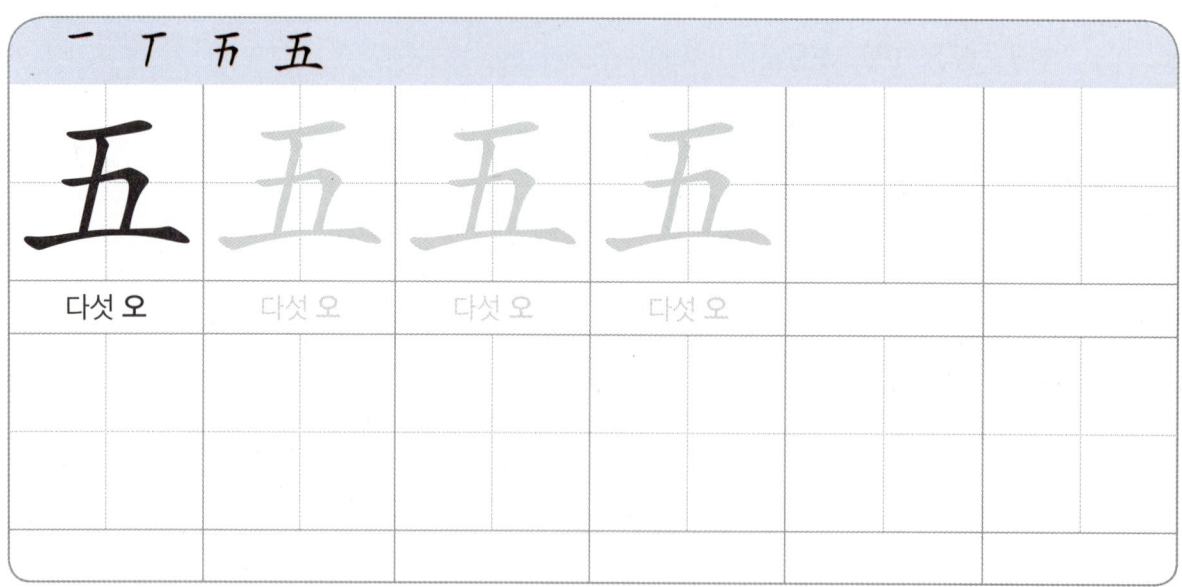

**생활 쏙쏙** 한자로 쓰인 한자어의 음(소리)을 쓰세요.

(1) 五月( ___월 )은 가정의 달입니다.

(2) 우리 마을은 五日( ___일 )마다 장이 섭니다.

## 점 하나 선 하나 발이 두 개 **여섯 륙**

- 五六(오륙): 다섯이나 여섯
- 六千(육천): 6000. 천을 여섯 번 더한 수

▶ '六'이 한자어의 맨 앞에 올 때는 '육'으로 읽음.

### 한자 쏙쏙   한자의 뜻과 음(소리)을 큰 소리로 읽으며, 순서에 맞게 쓰세요.

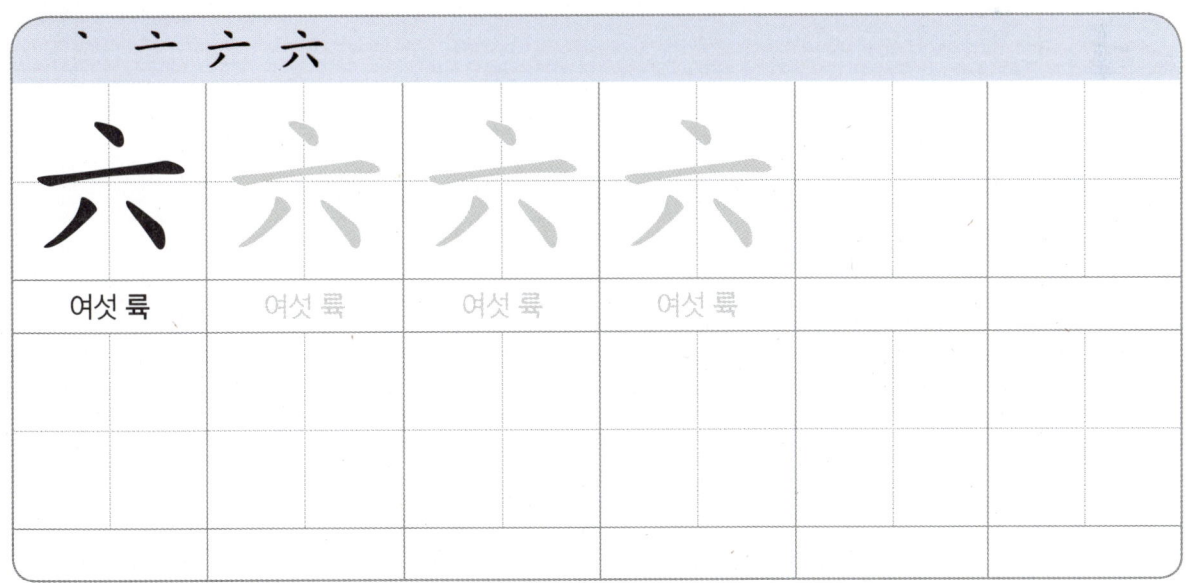

### 생활 쏙쏙   한자로 쓰인 한자어의 음(소리)을 쓰세요.

(1) 아기는 생후 五六( 오___ ) 개월이 되면 몸을 뒤집을 수 있습니다.

(2) 관람료로 六千( ___천 ) 원을 지불하였습니다.

 **4 수 한자**

기다란 선 위에 고리 그려 **일곱 칠**

일곱 칠

- 七百(칠백): 700. 백을 일곱 번 더한 수
- 七十(칠십): 70. 십을 일곱 번 더한 수

🖊️ **한자 쓱쓱** 한자의 뜻과 음(소리)을 큰 소리로 읽으며, 순서에 맞게 쓰세요.

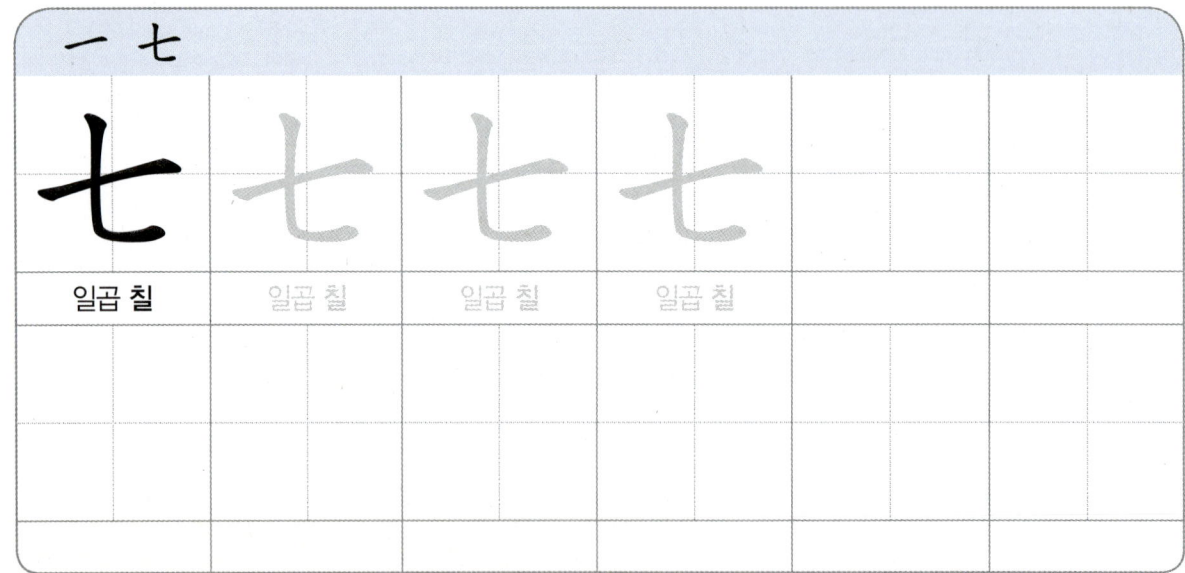

🌱 **생활 쓱쓱** 한자로 쓰인 한자어의 음(소리)을 쓰세요.

(1) 七百( ___백 ) 원을 돼지 저금통에 넣었습니다.

(2) 시험에서 七十( ___십 ) 점을 받았습니다.

### 왼쪽하고 오른쪽 양발 벌린 **여덟 팔**

- 二八(이팔): 2×**8**. 16세 무렵의 젊은 나이
- 八方(팔방): **여덟** 방향. 여러 방향이나 방면

**한자 쓱쓱** 한자의 뜻과 음(소리)을 큰 소리로 읽으며, 순서에 맞게 쓰세요.

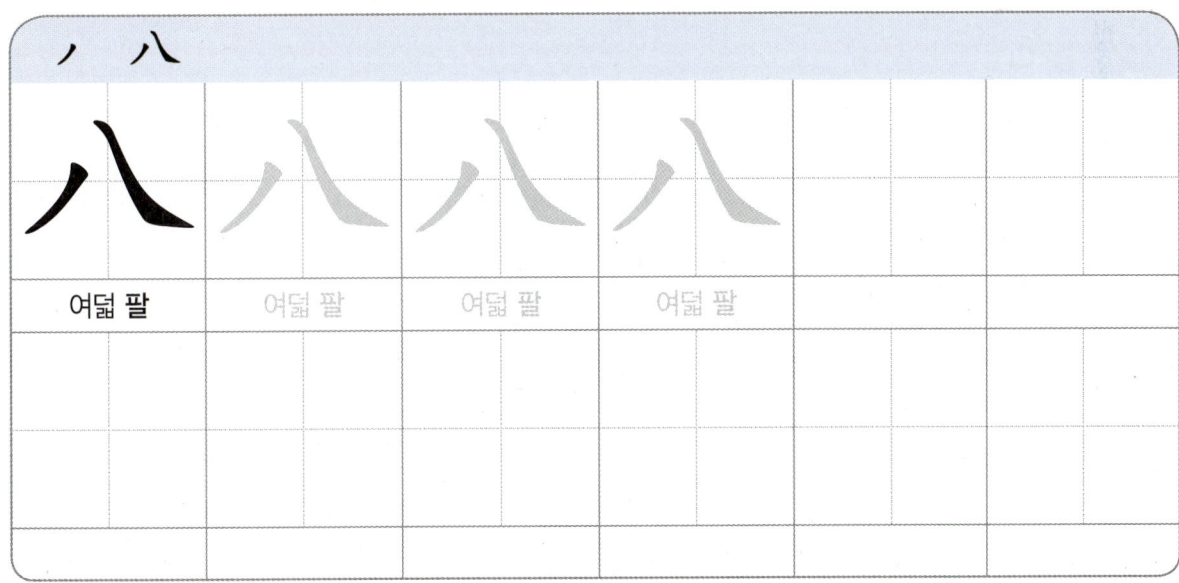

**생활 쓱쓱** 한자로 쓰인 한자어의 음(소리)을 쓰세요.

(1) 춘향은 二八( 이___ )청춘 꽃다운 나이에 몽룡을 만났습니다.

(2) 사람들이 八方( ___방 )에서 모여들었습니다.

# 5 수 한자

## 아래로 미끄럼 꺾인 고리 아홉 구

♪한자동요

九
아홉 구

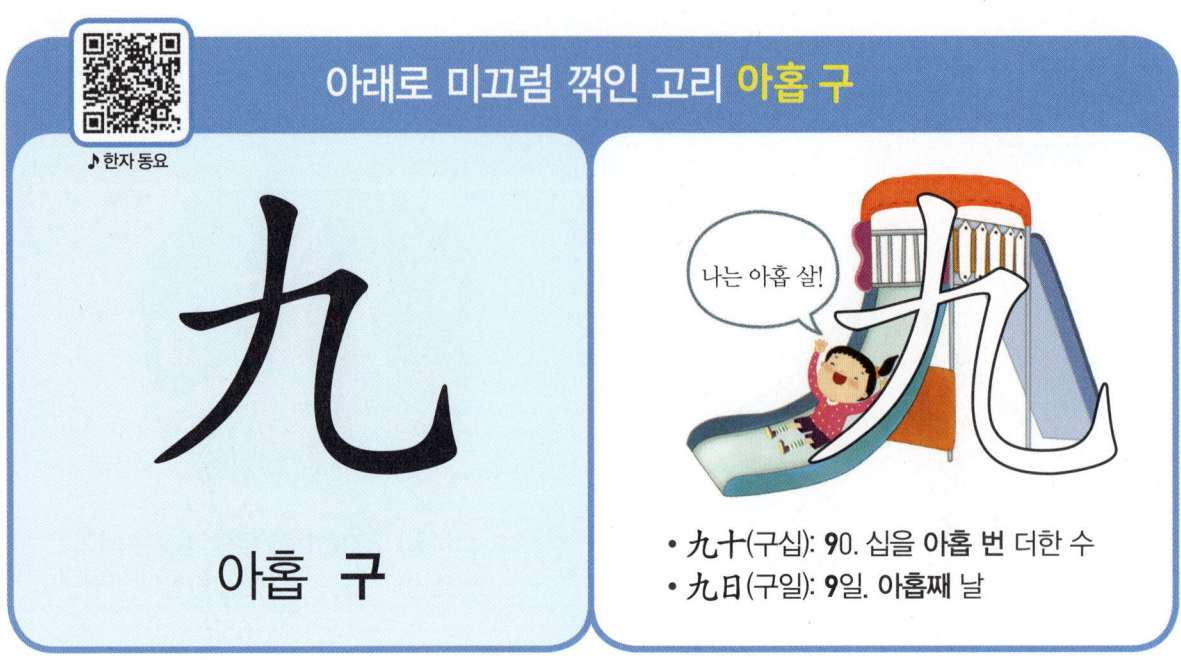

나는 아홉 살!

- 九十(구십): 90. 십을 아홉 번 더한 수
- 九日(구일): 9일. 아홉째 날

### 한자쏙쏙 한자의 뜻과 음(소리)을 큰 소리로 읽으며, 순서에 맞게 쓰세요.

ノ 九

| 九 | 九 | 九 | 九 | | | |
|---|---|---|---|---|---|---|
| 아홉 구 | 아홉 구 | 아홉 구 | 아홉 구 | | | |

### 생활쏙쏙 한자로 쓰인 한자어의 음(소리)을 쓰세요.

(1) 한 각이 九十(___십) 도인 삼각형을 직각 삼각형이라고 합니다.

(2) 10월 九日(___일)은 한글날입니다.

## 양팔이 엇갈린 더하기는 열 십

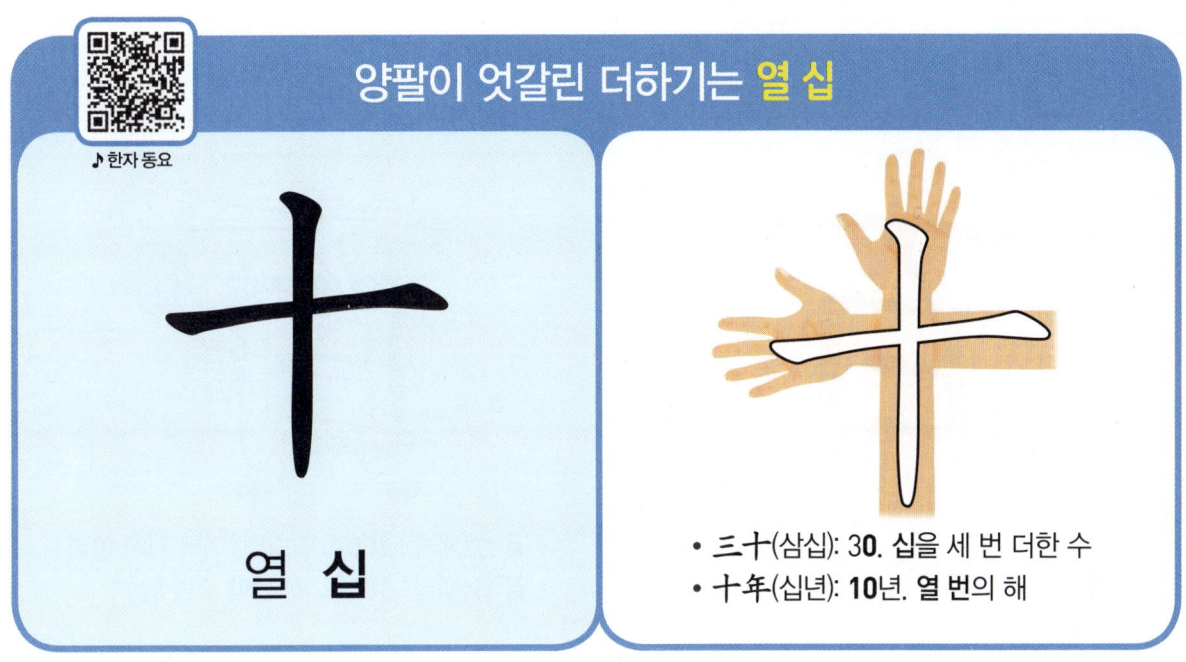

**한자 쏙쏙** 한자의 뜻과 음(소리)을 큰 소리로 읽으며, 순서에 맞게 쓰세요.

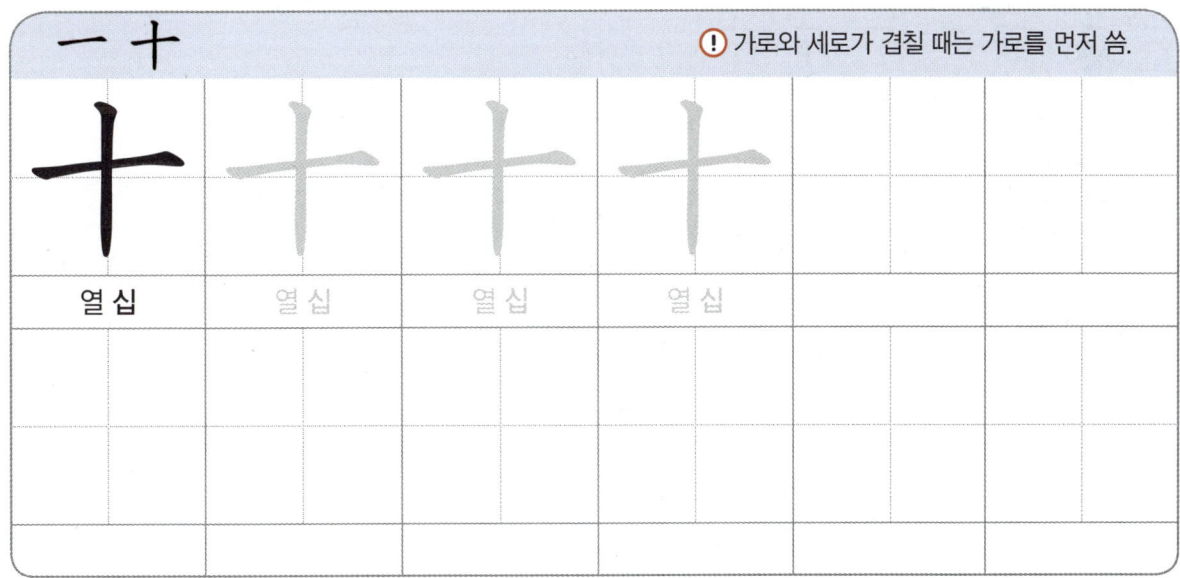

⚠ 가로와 세로가 겹칠 때는 가로를 먼저 씀.

**생활 쏙쏙** 한자로 쓰인 한자어의 음(소리)을 쓰세요.

(1) 한 달은 三十( 삼___ ) 일입니다.

(2) 十年( ___년 )이면 강산도 변한다는 말이 있습니다.

# 6 수 한자

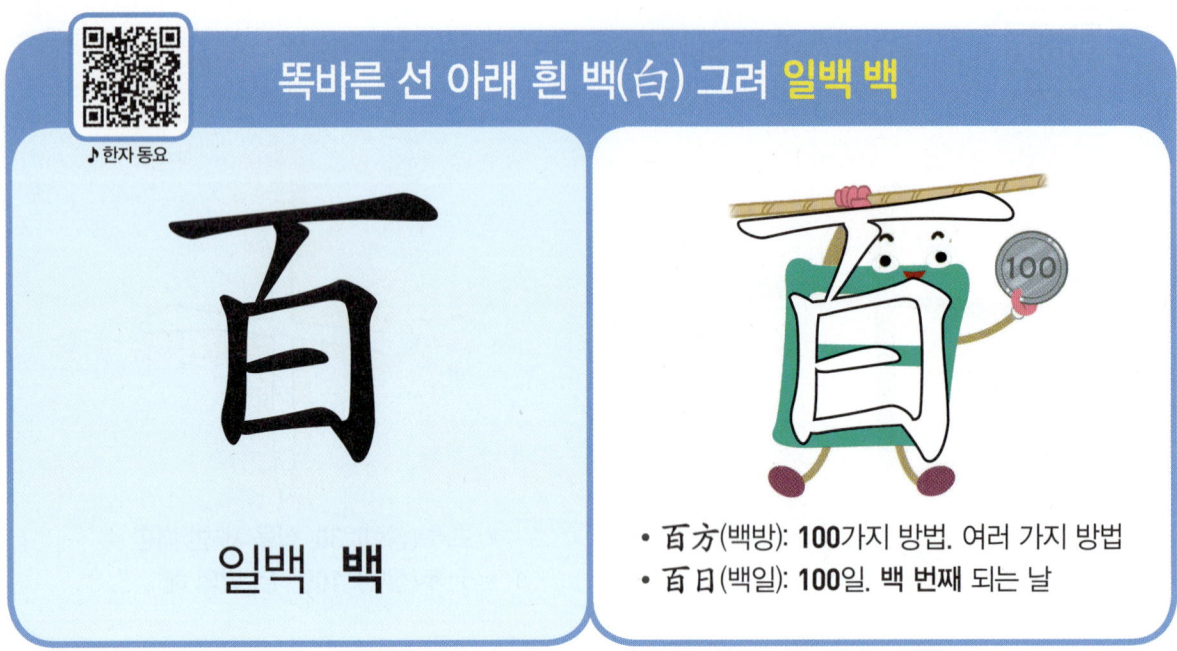

✏️ **한자 쏙쏙** 한자의 뜻과 음(소리)을 큰 소리로 읽으며, 순서에 맞게 쓰세요.

🌱 **생활 쏙쏙** 한자로 쓰인 한자어의 음(소리)을 쓰세요.

(1) 약을 구하기 위해 百方( ___방 )으로 알아보았습니다.

(2) 환웅은 곰에게 百日( ___일 ) 동안 쑥과 마늘을 먹으라고 하였습니다.

📅 _____월 _____일

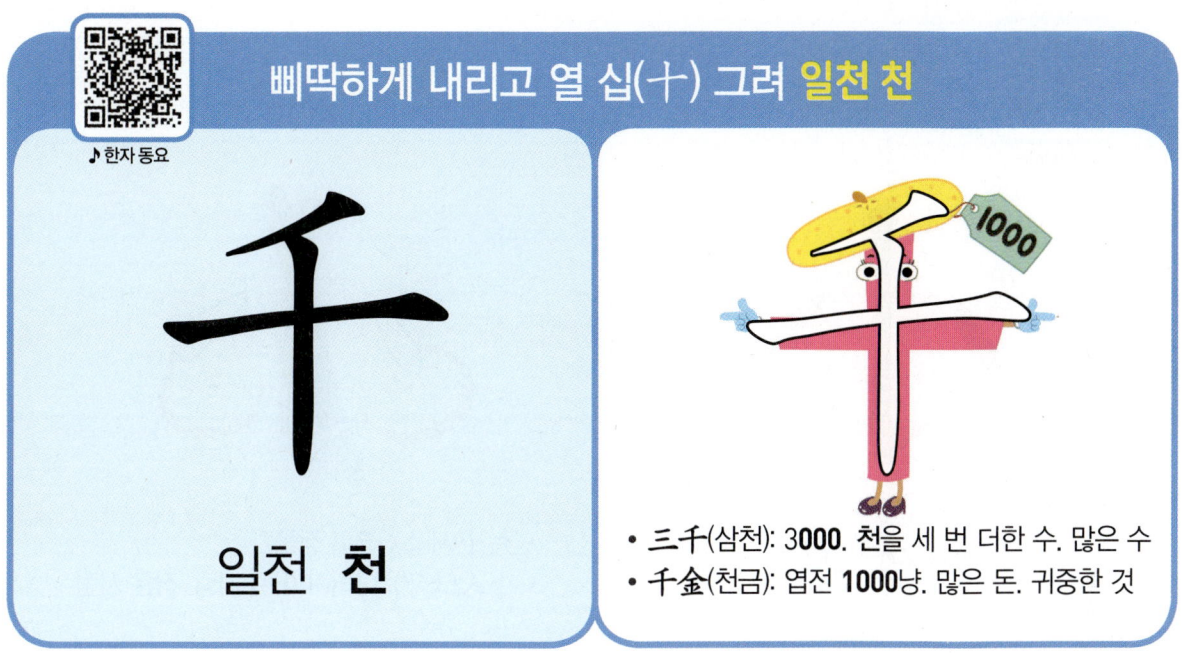

✏️ **한자 쏙쏙** 한자의 뜻과 음(소리)을 큰 소리로 읽으며, 순서에 맞게 쓰세요.

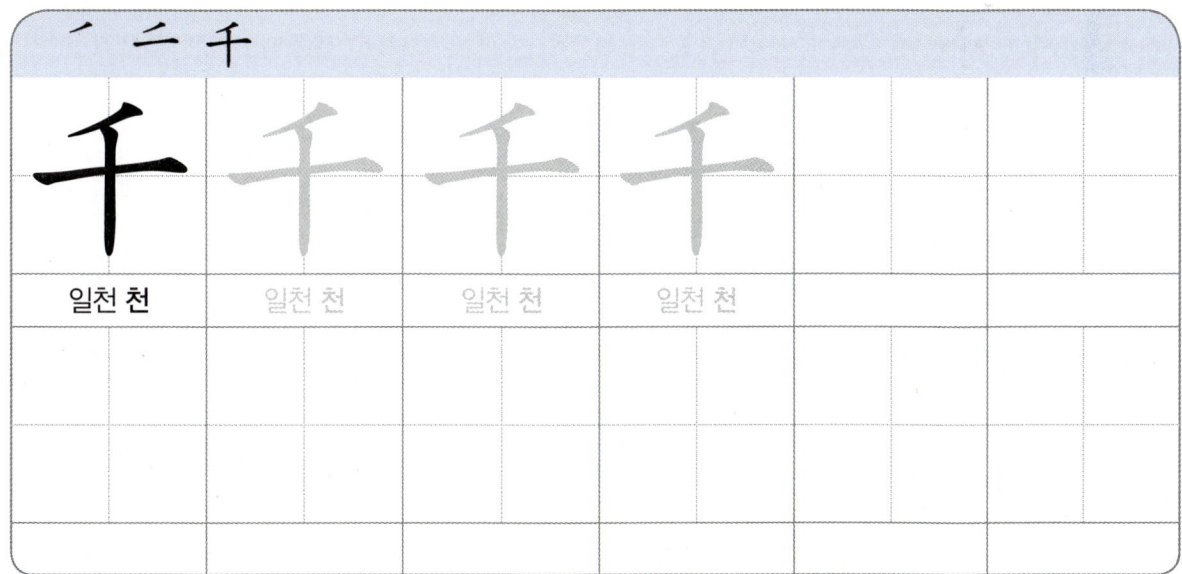

🌱 **생활 쏙쏙** 한자로 쓰인 한자어의 음(소리)을 쓰세요.

(1) 낙화암에는 의자왕과 三千( 삼___ ) 궁녀에 관한 전설이 있습니다.

(2) 생명은 千金( ___금 )과도 바꿀 수 없는 소중한 것입니다.

# 7 수 한자

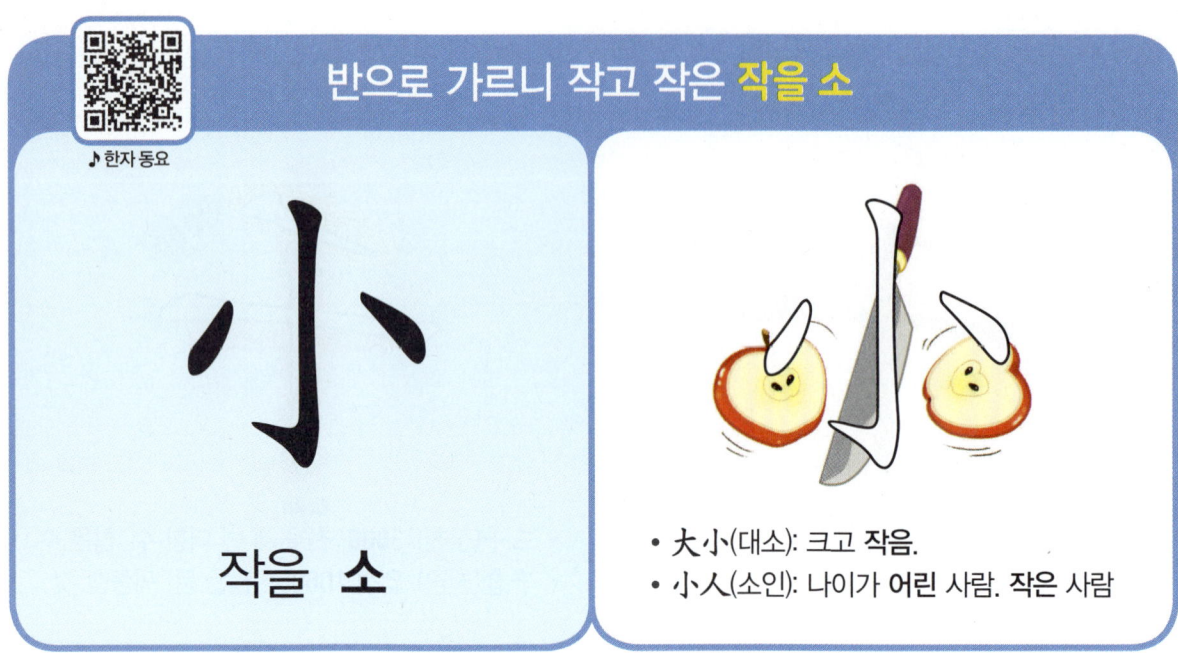

✏️ **한자 쓱쓱** 한자의 뜻과 음(소리)을 큰 소리로 읽으며, 순서에 맞게 쓰세요.

❗ 양쪽 모양이 같을 때는 가운데를 먼저 씀.

🌱 **생활 쏙쏙** 한자로 쓰인 한자어의 음(소리)을 쓰세요.

(1) 이장님은 마을 일이라면 大小(대___)를 가리지 않고 나섰습니다.

(2) 대인과 小人(___인)을 구분하여 이용료를 지불하였습니다.

📅 _____ 월 _____ 일

조그만 알갱이 부스러기 **적을 소**

적을 소

- **多少**(다소): 많음과 **적음**. 어느 정도로
- **少年**(소년): 아직 덜 성숙한 **어린** 사내아이

▶ '少'는 '젊다'라는 뜻이 있음.

✏️ **한자 쏙쏙** 한자의 뜻과 음(소리)을 큰 소리로 읽으며, 순서에 맞게 쓰세요.

丿 小 小 少    ⚠️ 小(작을 소)로 쓰지 않도록 주의함.

🌱 **생활 쏙쏙** 한자로 쓰인 한자어의 음(소리)을 쓰세요.

(1) 오른손을 다쳐서 생활하는 데 **多少**( 다___ ) 불편함이 있습니다.
(2) 당시 아홉 살이던 **少年**( ___년 )은 어느덧 늠름한 청년이 되었습니다.

한자 도레미  21

# 8 위치 한자

🖊️ **한자 쏙쏙** 한자의 뜻과 음(소리)을 큰 소리로 읽으며, 순서에 맞게 쓰세요.

🌱 **생활 쏙쏙** 한자로 쓰인 한자어의 음(소리)을 쓰세요.

(1) 우승을 놓쳐서 內心( ___심 ) 섭섭하였습니다.

(2) 관중들이 경기장 內外( ___외 )를 가득 메웠습니다.

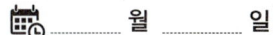

## 경계를 넘어서 밖으로 휙 **바깥 외**

- 外出(외출): 밖으로 나감.
- 外三寸(외삼촌): 어머니의 남자 형제

★ 뜻이 서로 반대(상대)되는 한자: 外(바깥 외) ↔ 內(안 내)

📝 **한자 쏙쏙** 한자의 뜻과 음(소리)을 큰 소리로 읽으며, 순서에 맞게 쓰세요.

🌱 **생활 쏙쏙** 한자로 쓰인 한자어의 음(소리)을 쓰세요.

(1) 미세 먼지가 심한 날에는 **外出**(___출)을 자제합시다.
(2) **外三寸**(___삼촌)의 생신을 맞아 외갓집에 다녀왔습니다.

# 9 위치 한자

## 한자 쓱쓱  한자의 뜻과 음(소리)을 큰 소리로 읽으며, 순서에 맞게 쓰세요.

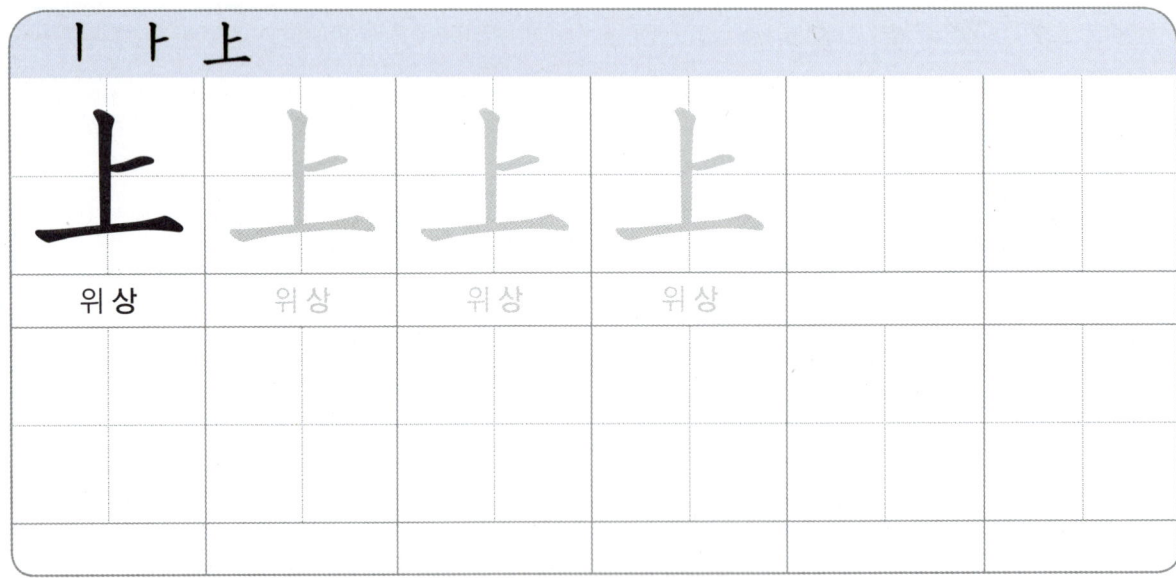

## 생활 쓱쓱  한자로 쓰인 한자어의 음(소리)을 쓰세요.

(1) 더위를 식히는 데는 水上( 수___ ) 스포츠가 제격입니다.

(2) 나는 동생보다 세 살 年上( 연___ )입니다.

 월 일

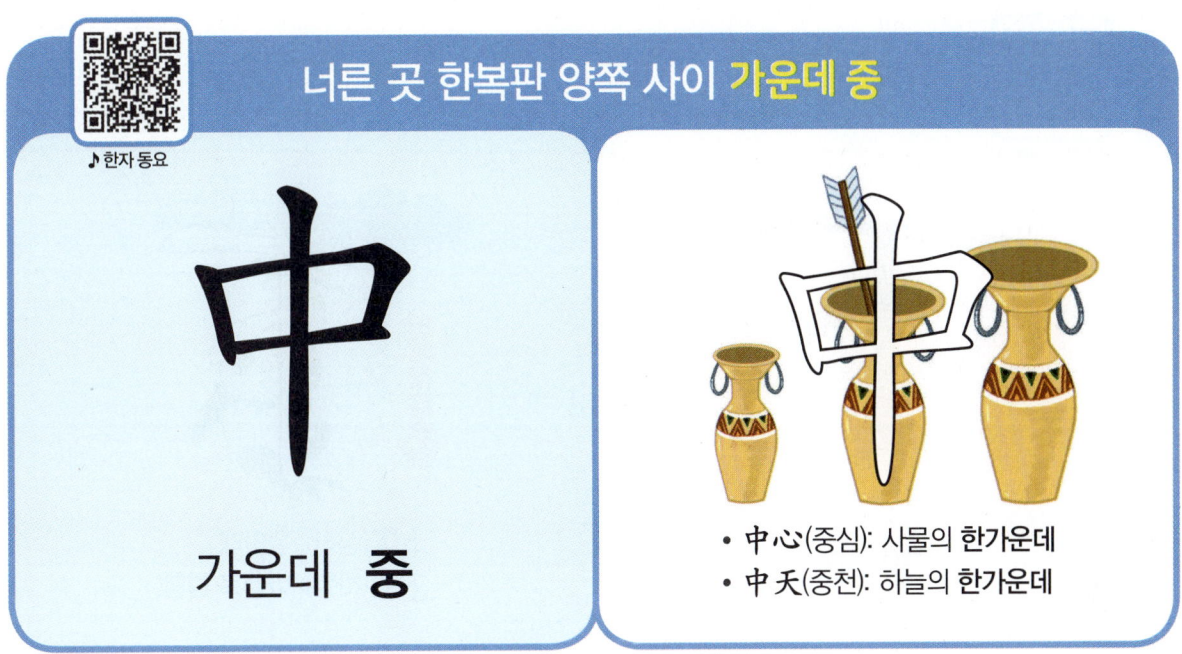

### 너른 곳 한복판 양쪽 사이 **가운데 중**

中
가운데 중

- **中心**(중심): 사물의 한가운데
- **中天**(중천): 하늘의 한가운데

📝 **한자 쓱쓱** 한자의 뜻과 음(소리)을 큰 소리로 읽으며, 순서에 맞게 쓰세요.

丨 口 口 中    ❗ 가운데를 꿰뚫는 획은 나중에 씀.

| 中 | 中 | 中 | 中 | | | |
|---|---|---|---|---|---|---|
| 가운데 중 | 가운데 중 | 가운데 중 | 가운데 중 | | | |
| | | | | | | |
| | | | | | | |
| | | | | | | |

🌱 **생활 쓱쓱** 한자로 쓰인 한자어의 음(소리)을 쓰세요.

(1) 화살이 과녁의 中心( ___심 )을 꿰뚫었습니다.

(2) 누나는 해가 中天( ___천 )에 뜨도록 잠만 잤습니다.

# 10 위치 한자

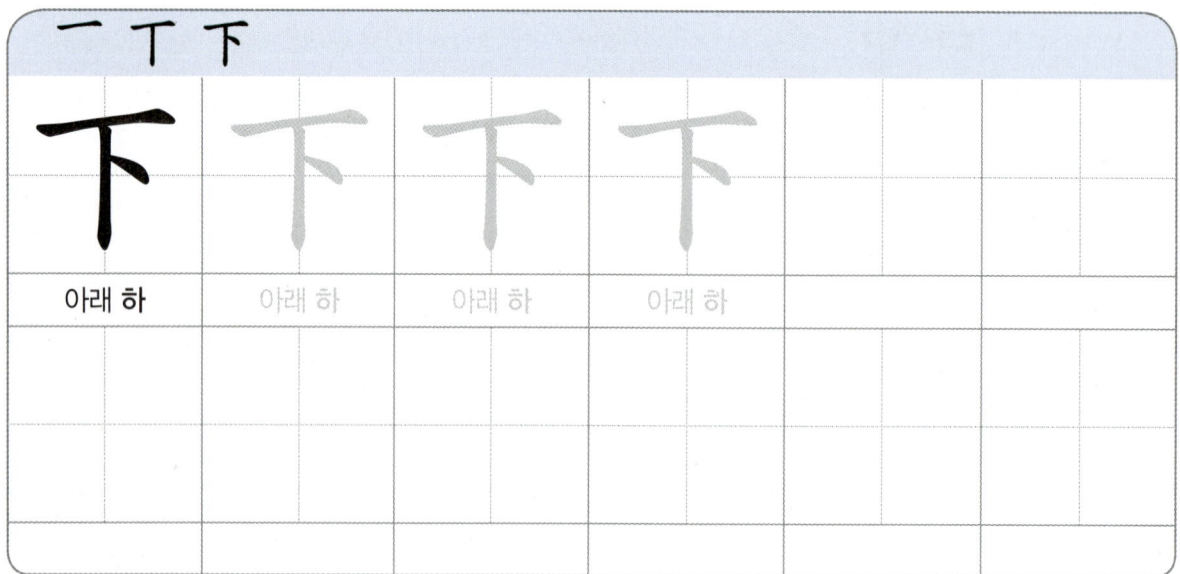

(1) 두 팔을 上下( 상___ )좌우로 움직이며 스트레칭을 하였습니다.
(2) 그래프가 下向( ___향 ) 곡선을 그리고 있습니다.

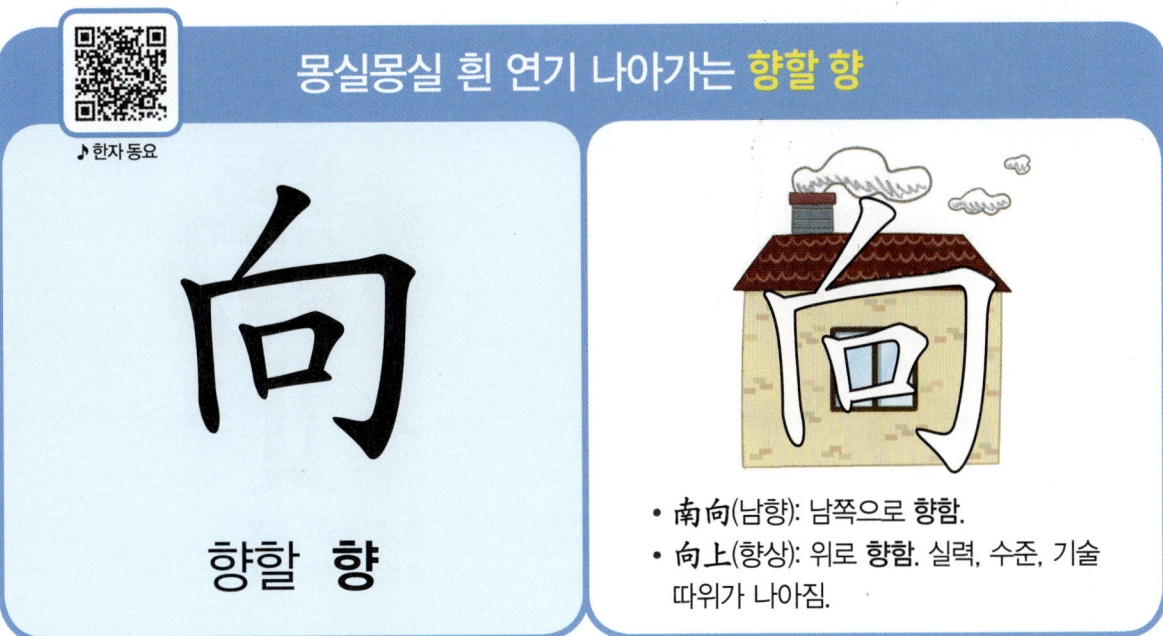

몽실몽실 흰 연기 나아가는 **향할 향**

向
향할 향

- 南向(남향): 남쪽으로 **향함**.
- 向上(향상): 위로 **향함**. 실력, 수준, 기술 따위가 나아짐.

**한자쏙쏙** 한자의 뜻과 음(소리)을 큰 소리로 읽으며, 순서에 맞게 쓰세요.

**생활쏙쏙** 한자로 쓰인 한자어의 음(소리)을 쓰세요.

(1) 우리 집은 南向( 남___ )이라 볕이 잘 들고 따뜻합니다.
(2) 오랜 훈련으로 선수들의 체력이 向上( ___상 )되었습니다.

# 11 위치 한자

✏️ **한자 쑥쑥** 한자의 뜻과 음(소리)을 큰 소리로 읽으며, 순서에 맞게 쓰세요.

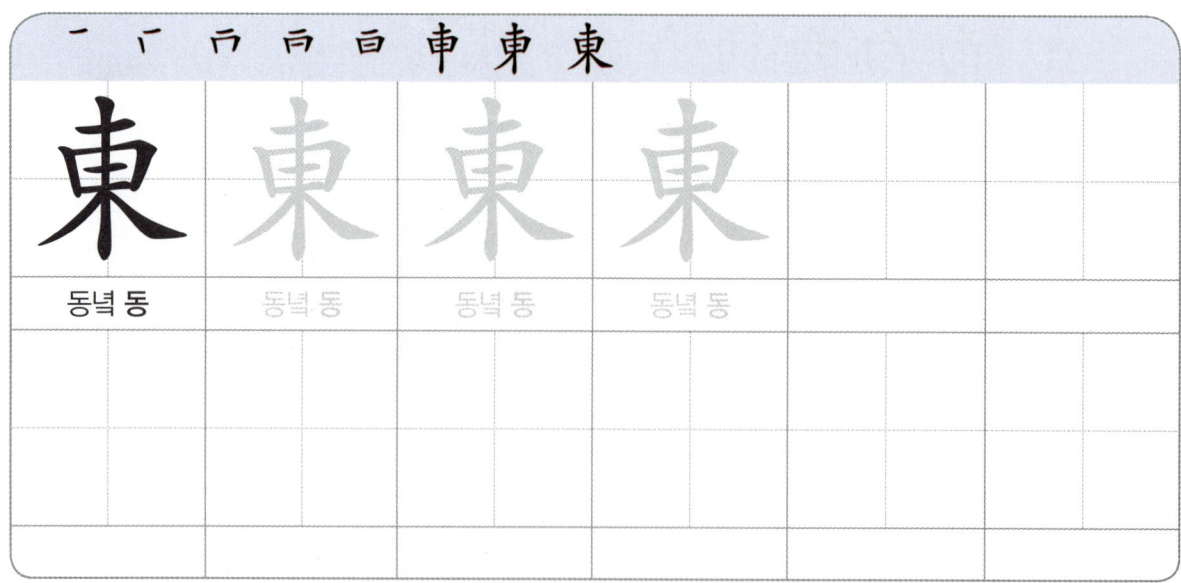

🌱 **생활 쑥쑥** 한자로 쓰인 한자어의 음(소리)을 쓰세요.

(1) 예로부터 우리나라를 東方( ___방 )예의지국이라고 불렀습니다.

(2) 우리 집은 東向( ___향 )이라서 아침 해가 잘 들어옵니다.

📅 _____월 _____일

둥지로 돌아온 새 해 지는 쪽 **서녘 서**

서녘 서

- 東西(동서): 동쪽과 서쪽
- 西山(서산): 서쪽에 있는 산

✏️ **한자 쏙쏙** 한자의 뜻과 음(소리)을 큰 소리로 읽으며, 순서에 맞게 쓰세요.

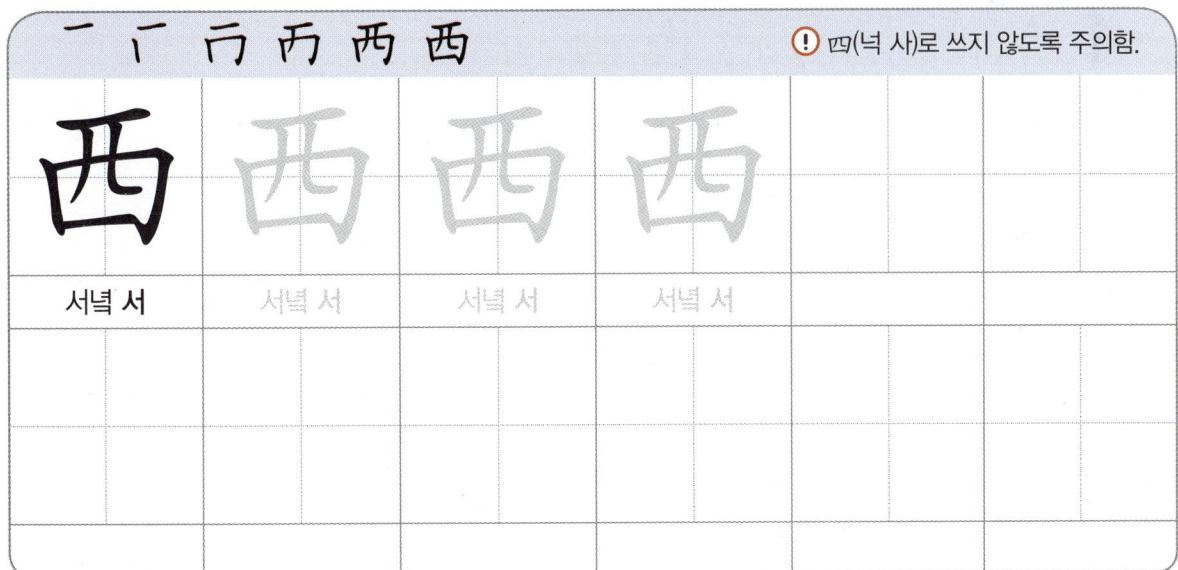

一 ㄒ ㄒ 万 两 西 西    ❗ 四(넉 사)로 쓰지 않도록 주의함.

🌱 **생활 쏙쏙** 한자로 쓰인 한자어의 음(소리)을 쓰세요.

(1) 강원도는 태백산맥을 기준으로 지역이 東西( 동___ )로 나뉩니다.

(2) 어느덧 해가 西山( ___산 )으로 뉘엿뉘엿 지고 있었습니다.

한자 도레미 **29**

# 12 위치 한자

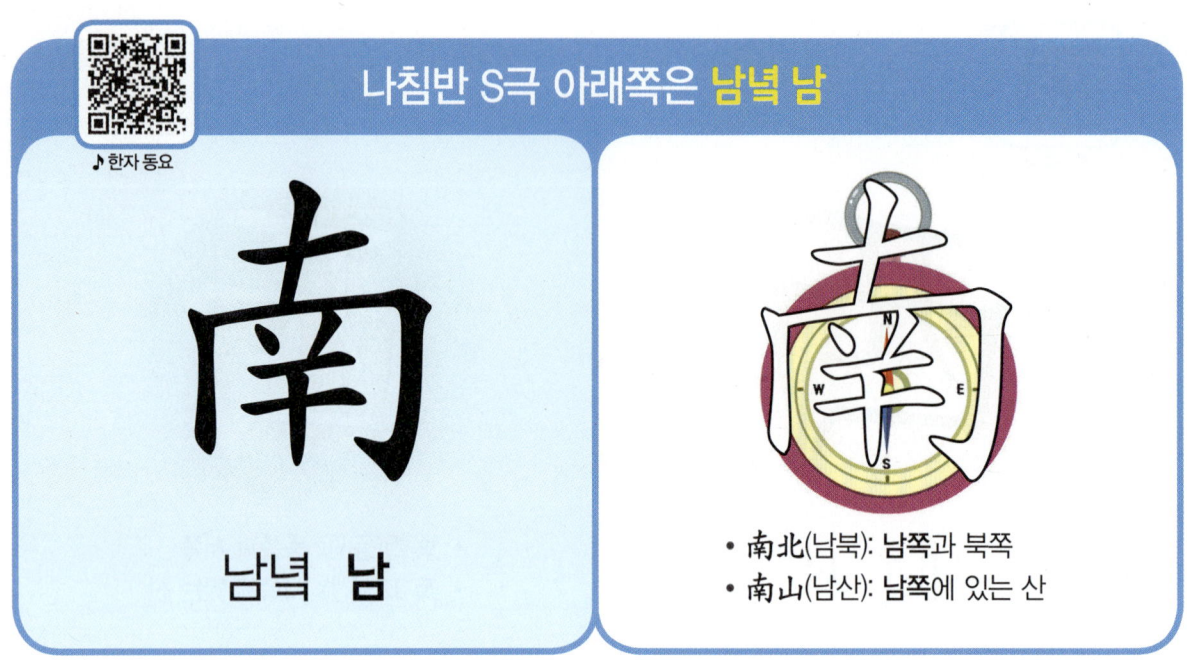

- 南北(남북): 남쪽과 북쪽
- 南山(남산): 남쪽에 있는 산

🖉 **한자 쏙쏙** 한자의 뜻과 음(소리)을 큰 소리로 읽으며, 순서에 맞게 쓰세요.

一 十 广 内 内 南 南 南

| 南 | 南 | 南 | 南 | | | |
|---|---|---|---|---|---|---|
| 남녘 남 | 남녘 남 | 남녘 남 | 남녘 남 | | | |

🌱 **생활 쏙쏙** 한자로 쓰인 한자어의 음(소리)을 쓰세요.

(1) 태백산맥은 南北( ___북 )으로 길게 뻗쳐 있습니다.

(2) 하늘이 맑으니 南山( ___산 )이 뚜렷하게 잘 보입니다.

📅 _____월 _____일

### 등 맞댄 두 사람 남녘 반대 북녘 북

북녘 북

- 北方(북방): 북쪽. 북쪽 지방
- 北上(북상): 북쪽을 향하여 올라감.

⭐ 뜻이 서로 반대(상대)되는 한자: 北(북녘 북) ↔ 南(남녘 남)

**한자 쏙쏙** 한자의 뜻과 음(소리)을 큰 소리로 읽으며, 순서에 맞게 쓰세요.

丨 ㅓ 扌 刋 北

| 北 | 北 | 北 | 北 | | | |
|---|---|---|---|---|---|---|
| 북녘 북 | 북녘 북 | 북녘 북 | 북녘 북 | | | |

**생활 쏙쏙** 한자로 쓰인 한자어의 음(소리)을 쓰세요.

(1) 北方( ___방 ) 외적의 침입을 막기 위해 성벽을 쌓았습니다.

(2) 태풍이 빠른 속도로 北上( ___상 )하고 있습니다.

# 13 와우! 내 실력!

1. 지도에 표시된 보물의 위치 중, 진짜 보물이 있는 곳은 딱 한 군데예요. 암호 에 표시된 길을 따라가 진짜 보물이 숨어 있는 곳에 ○표 하세요.

암호: 東쪽으로 四칸 → 南쪽으로 六칸 → 西쪽으로 一칸 → 北쪽으로 一칸

❷ [ ] 안의 한자의 음(소리)으로 알맞은 것을 찾아 번호를 쓰세요.

(1) [ 八 ]　①륙　②팔　③구　④천　　　(　　)
(2) [ 少 ]　①소　②향　③백　④오　　　(　　)


❸ [ ] 안의 한자와 뜻이 반대(상대)되는 한자를 찾아 번호를 쓰세요.

(1) [ 外 ]　①一　②向　③內　④千　　　(　　)
(2) [ 上 ]　①下　②百　③四　④北　　　(　　)


❹ 보기 의 단어들과 관련이 깊은 한자를 찾아 번호를 쓰세요.

(1) 보기　손가락　오륜기　어린이날　　　(　　)

　　①一　②二　③五　④六

(2) 보기　북두칠성　견우직녀　백설 공주　　　(　　)

　　①南　②北　③十　④七


❺ 한자어의 독음(소리)을 한글로 쓰세요.

(1) 九十 (　　)　(2) 三百 (　　)　(3) 東西 (　　)


❻ [ ] 안의 단어를 한자로 쓰세요.

(1) 아버지는 [ 중소 ] 기업에 다니십니다.　　　(　　)
(2) 경기장은 [ 이천 ] 명의 관중들로 가득 찼습니다.　　　(　　)

# 14 사람 한자

언제 언제나 우리를 위해 힘쓰시는 **아버지 부**

♪한자 동요

父

아버지 부

- 父女(부녀): **아버지**와 딸
- 父母(부모): **아버지**와 어머니

**한자 쏙쏙** 한자의 뜻과 음(소리)을 큰 소리로 읽으며, 순서에 맞게 쓰세요.

丶 ハ 父 父

| 父 | 父 | 父 | 父 | | | |
|---|---|---|---|---|---|---|
| 아버지 부 | 아버지 부 | 아버지 부 | 아버지 부 | | | |

**생활 쏙쏙** 한자로 쓰인 한자어의 음(소리)을 쓰세요.

(1) 저녁 식사 후 父女(___녀)간에 대화를 나눴습니다.

(2) 아이는 父母(___모)의 행동을 따라하기 마련입니다.

▶ 정답 및 해설은 151쪽

월       일

꼭 안아 주는 포근한 품속 다정하신 **어머니 모**

♪한자 동요

母

어머니 모

- 母女(모녀): 어머니와 딸
- 母子(모자): 어머니와 아들

⭐ 뜻이 서로 반대(상대)되는 한자: 母(어머니 모) ↔ 父(아버지 부)

✏️ **한자 쏙쏙** 한자의 뜻과 음(소리)을 큰 소리로 읽으며, 순서에 맞게 쓰세요.

🌱 **생활 쏙쏙** 한자로 쓰인 한자어의 음(소리)을 쓰세요.

(1) 母女(___녀)가 다정하게 대화를 나눕니다.

(2) 母子(___자)가 사이좋게 산책로를 걸어갑니다.

한자 도레미

# 15 사람 한자

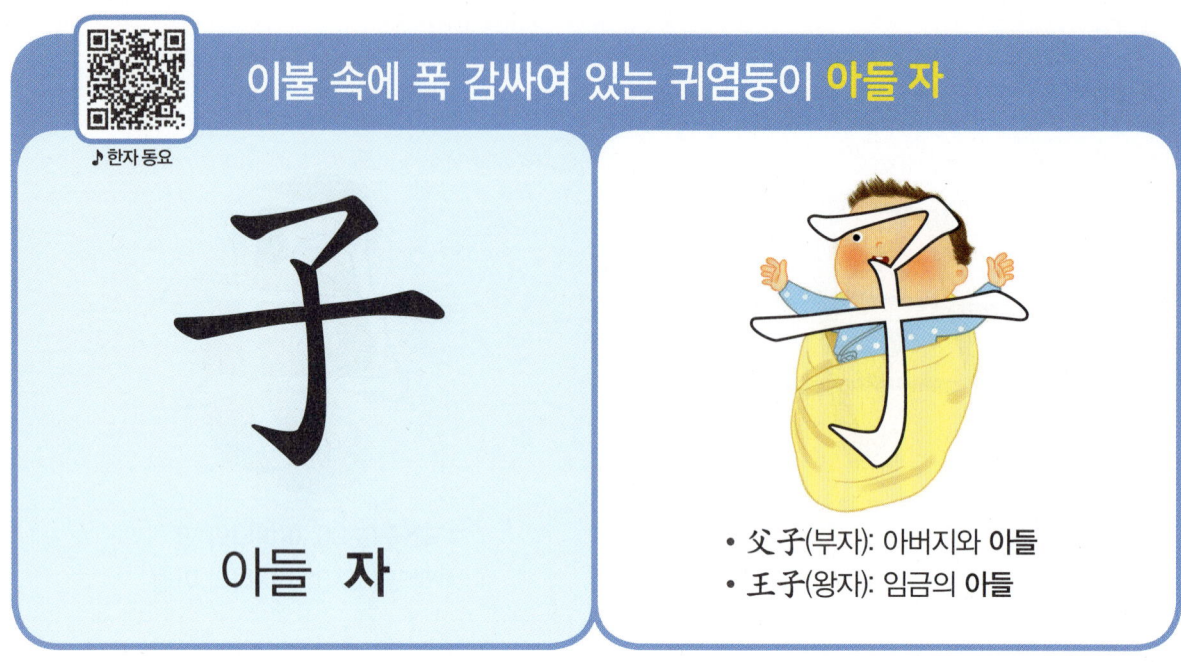

이불 속에 폭 감싸여 있는 귀염둥이 **아들 자**

子

아들 **자**

- 父子(부자): 아버지와 **아들**
- 王子(왕자): 임금의 **아들**

✏️ **한자 쓱쓱** 한자의 뜻과 음(소리)을 큰 소리로 읽으며, 순서에 맞게 쓰세요.

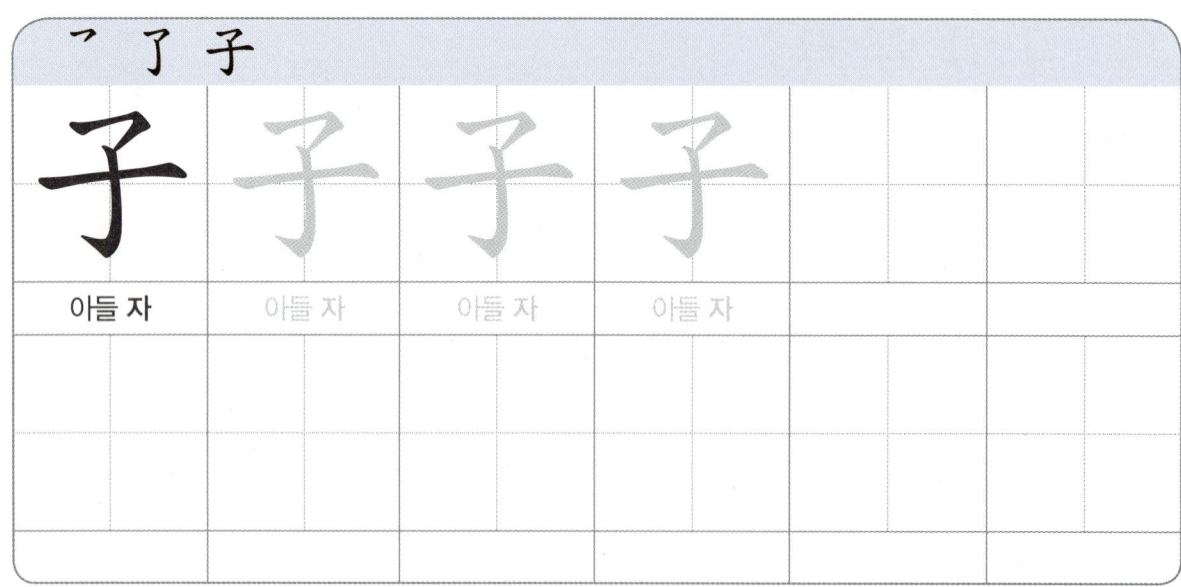

🌱 **생활 쏙쏙** 한자로 쓰인 한자어의 음(소리)을 쓰세요.

(1) 우리 父子( 부___ )는 유달리 사이가 좋습니다.

(2) 임금이 죽고 어린 王子( 왕___ )가 왕위를 이어받았습니다.

무릎 위에 손 곱게 모으고 앉아 있는 **계집 녀**

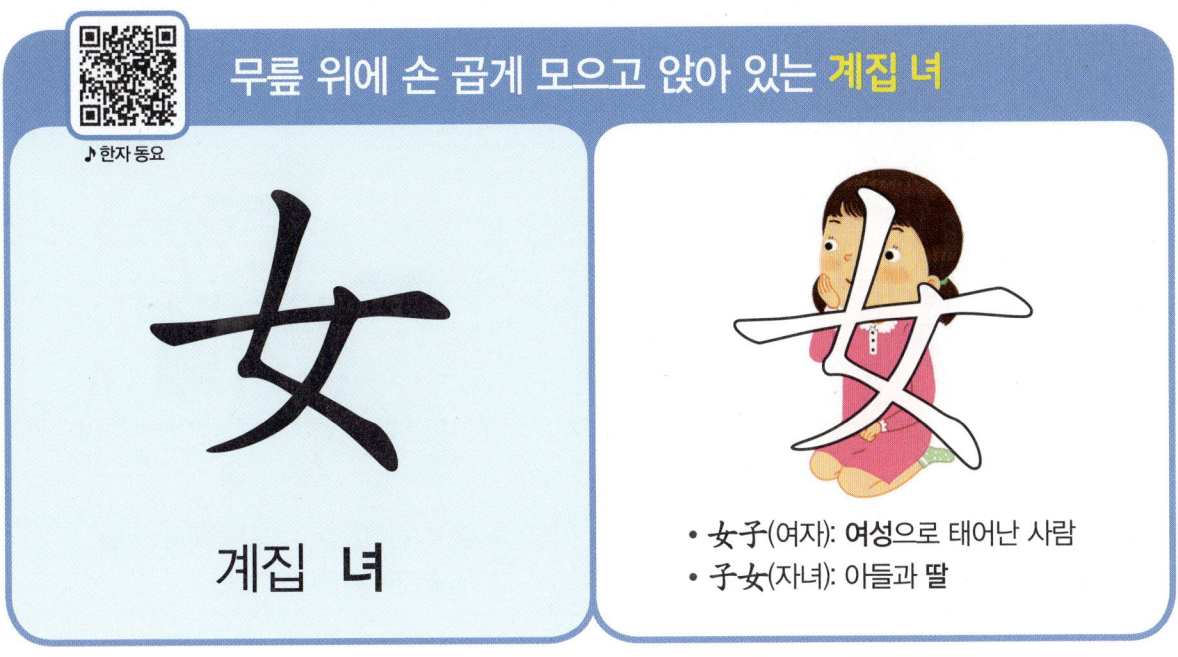

- 女子(여자): 여성으로 태어난 사람
- 子女(자녀): 아들과 딸

▶ '女'는 '여자', '딸'이라는 뜻임.

**한자 쓱쓱** 한자의 뜻과 음(소리)을 큰 소리로 읽으며, 순서에 맞게 쓰세요.

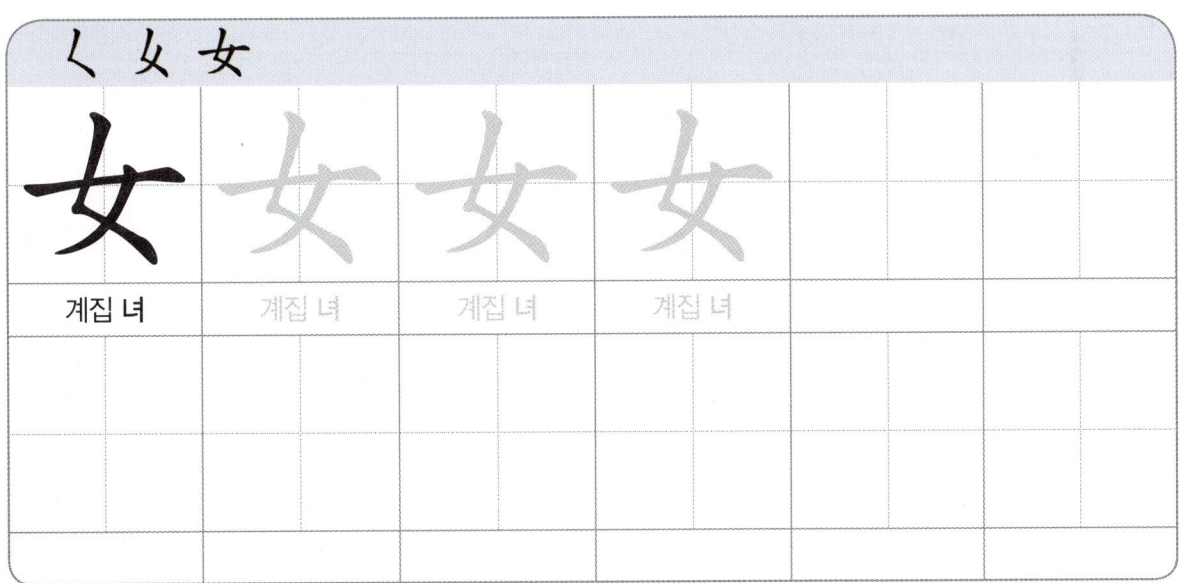

**생활 쓱쓱** 한자로 쓰인 한자어의 음(소리)을 쓰세요.

(1) 女子( ___자 )아이가 건널목을 지나갑니다.

(2) 부부가 子女( 자___ )와 함께 나들이를 갑니다.

# 16 사람 한자

어린 동생을 보살펴 주는 믿음직한 맏 형

♪한자 동요

兄

맏 형

- 親兄(친형): 같은 부모에게서 난 형
- 兄夫(형부): 언니의 남편

📝 **한자 쏙쏙** 한자의 뜻과 음(소리)을 큰 소리로 읽으며, 순서에 맞게 쓰세요.

丨 冂 口 尸 兄

| 兄 | 兄 | 兄 | 兄 | | | |
|---|---|---|---|---|---|---|
| 맏 형 | 맏 형 | 맏 형 | 맏 형 | | | |

🌱 **생활 쏙쏙** 한자로 쓰인 한자어의 음(소리)을 쓰세요.

(1) 매형은 親兄( 친___ )처럼 나를 잘 챙겨 줍니다.
(2) 조카는 언니와 兄夫( ___부 )를 조금씩 다 닮았습니다.

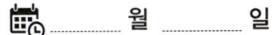

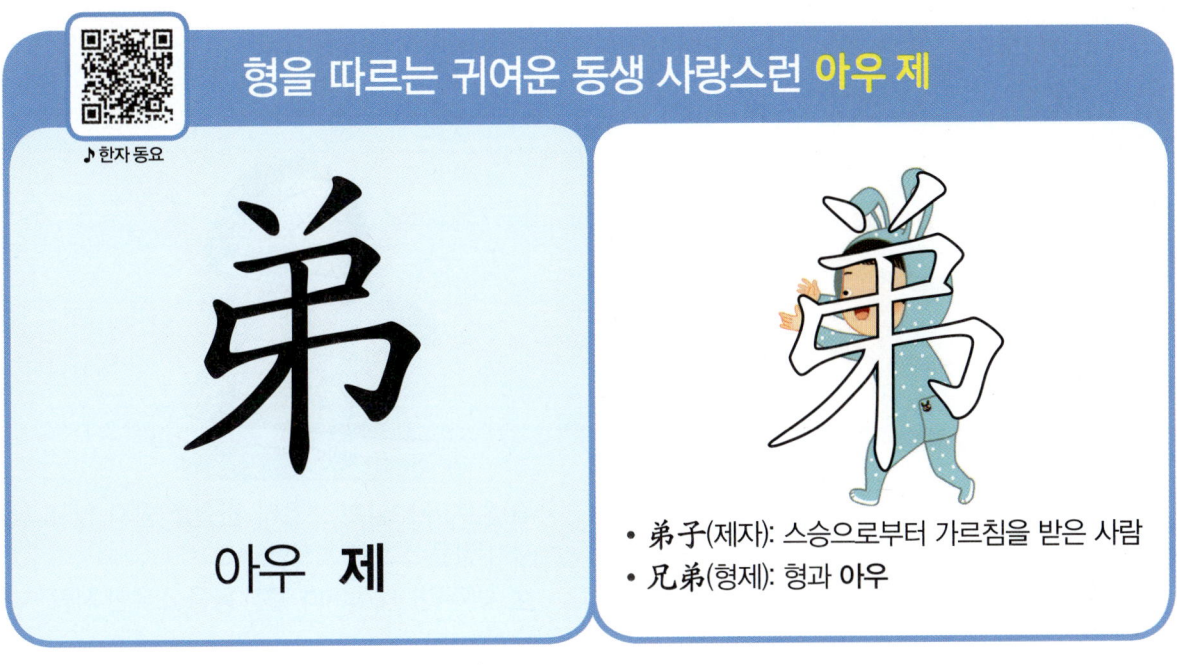

- 弟子(제자): 스승으로부터 가르침을 받은 사람
- 兄弟(형제): 형과 아우

⭐ 뜻이 서로 반대(상대)되는 한자: 弟(아우 제) ↔ 兄(맏 형)

**한자 쏙쏙** 한자의 뜻과 음(소리)을 큰 소리로 읽으며, 순서에 맞게 쓰세요.

丶 ⺍ ⺌ ⺍ 弟 弟

| 弟 | 弟 | 弟 | 弟 | | |
|---|---|---|---|---|---|
| 아우 제 | 아우 제 | 아우 제 | 아우 제 | | |
| | | | | | |
| | | | | | |
| | | | | | |

**생활 쏙쏙** 한자로 쓰인 한자어의 음(소리)을 쓰세요.

(1) 선생님은 어른이 된 弟子( ___자 )를 보고 흐뭇해하였습니다.
(2) 우리 兄弟( 형___ )는 생김새가 꼭 닮았습니다.

한자 도레미

# 17 사람 한자

책임감 있게 이끌어 가는 당찬 사람 **주인 주**

♪한자동요

主

주인 주

- 自主(자주): 남의 보호나 간섭을 받지 않고 자기 일을 스스로 처리함.
- 主人(주인): 대상이나 물건 등을 소유한 사람

**한자쏙쏙** 한자의 뜻과 음(소리)을 큰 소리로 읽으며, 순서에 맞게 쓰세요.

丶 亠 亠 主 主

| 主 | 主 | 主 | 主 | | |
|---|---|---|---|---|---|
| 주인 주 | 주인 주 | 주인 주 | 주인 주 | | |

**생활쏙쏙** 한자로 쓰인 한자어의 음(소리)을 쓰세요.

(1) 독립문은 우리 민족의 自主(자___)독립 의지를 상징하는 건축물입니다.
(2) 교실에 主人(___인) 없는 우산이 하나 있습니다.

📝 **한자 쏙쏙** 한자의 뜻과 음(소리)을 큰 소리로 읽으며, 순서에 맞게 쓰세요.

🌱 **생활 쏙쏙** 한자로 쓰인 한자어의 음(소리)을 쓰세요.

(1) 人名( ___명 )사전에는 다양한 인물이 실려 있습니다.

(2) 격언은 人生( ___생 )의 교훈을 간결하게 표현한 글입니다.

# 18 사람 한자

### 한자 쏙쏙 한자의 뜻과 음(소리)을 큰 소리로 읽으며, 순서에 맞게 쓰세요.

### 생활 쏙쏙 한자로 쓰인 한자어의 음(소리)을 쓰세요.

(1) 광개토 大王( 대___ )은 영토를 만주까지 넓혔습니다.

(2) 女王( 여___ )개미는 개미 무리의 우두머리입니다.

       월       일

상투를 틀고 씩씩하게 선 사나이는 **지아비 부**

♪한자 동요

夫
지아비 부

- 夫人(부인): 남의 아내를 높여 이르는 말
- 人夫(인부): 품삯을 받고 육체노동을 하는 사람

> '夫'는 '지아비(남편을 예스럽게 부르는 말)', '사내'라는 뜻임.

✏️ **한자 쏙쏙** 한자의 뜻과 음(소리)을 큰 소리로 읽으며, 순서에 맞게 쓰세요.

一 二 夫 夫

| 夫 | 夫 | 夫 | 夫 | | |
|---|---|---|---|---|---|
| 지아비 부 | 지아비 부 | 지아비 부 | 지아비 부 | | |

🌱 **생활 쏙쏙** 한자로 쓰인 한자어의 음(소리)을 쓰세요.

(1) 옆집 夫人( ___인 )은 인정이 많습니다.

(2) 人夫( 인___ )들이 땀을 흘리며 짐을 나릅니다.

한자 도레미 **43**

## 19 사람 한자

으랏차차 힘써 일하며 밭을 가는 **사내 남**

男
사내 남

- 男女(남녀): 남자와 여자
- 男子(남자): 사내로 태어난 사람

⭐ 뜻이 서로 반대(상대)되는 한자: 男(사내 남) ↔ 女(계집 녀)

✏️ **한자 쏙쏙** 한자의 뜻과 음(소리)을 큰 소리로 읽으며, 순서에 맞게 쓰세요.

丨 冂 冂 田 田 男 男

| 男 | 男 | 男 | 男 | | | | |
|---|---|---|---|---|---|---|---|
| 사내 남 | 사내 남 | 사내 남 | 사내 남 | | | | |

🌱 **생활 쏙쏙** 한자로 쓰인 한자어의 음(소리)을 쓰세요.

(1) 요즘 옷은 男女( ___녀 )의 구별이 없는 경우가 많습니다.

(2) 테니스 男子( ___자 ) 단식 준결승 경기가 시작되었습니다.

● 정답 및 해설은 **151쪽**

📅 ........월 ........일

### 뚝딱뚝딱 힘껏 두드려 모양내는 **장인 공**

工

장인 공

- 木工(목공): 나무로 물건을 만드는 **일**. 또는 그런 일을 하는 **사람**
- 人工(인공): 사람이 하는 **일**

▶ '工'은 '일'이라는 뜻이 있음.

**한자 쏙쏙** 한자의 뜻과 음(소리)을 큰 소리로 읽으며, 순서에 맞게 쓰세요.

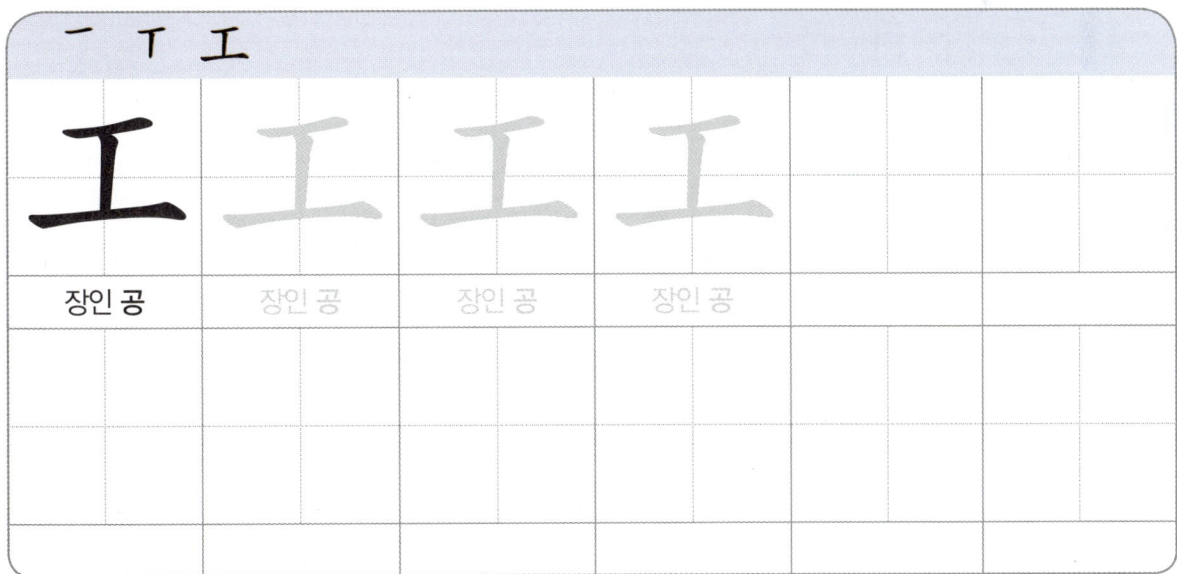

**생활 쏙쏙** 한자로 쓰인 한자어의 음(소리)을 쓰세요.

(1) 이웃집 木工( 목___ )이 책장을 만들었습니다.

(2) 정원에 들어서자 人工( 인___ )으로 만든 작은 연못이 눈에 띄었습니다.

한자 도레미 **45**

# 20 사람 한자

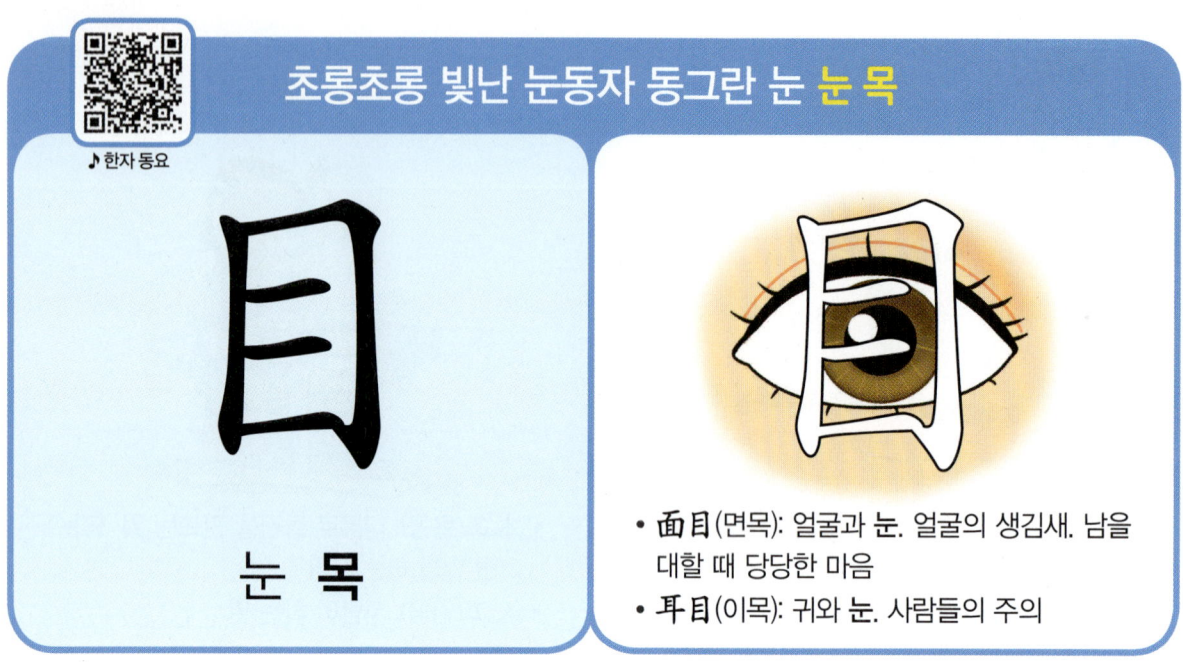

- **面目**(면목): 얼굴과 눈. 얼굴의 생김새. 남을 대할 때 당당한 마음
- **耳目**(이목): 귀와 눈. 사람들의 주의

**한자 쏙쏙** 한자의 뜻과 음(소리)을 큰 소리로 읽으며, 순서에 맞게 쓰세요.

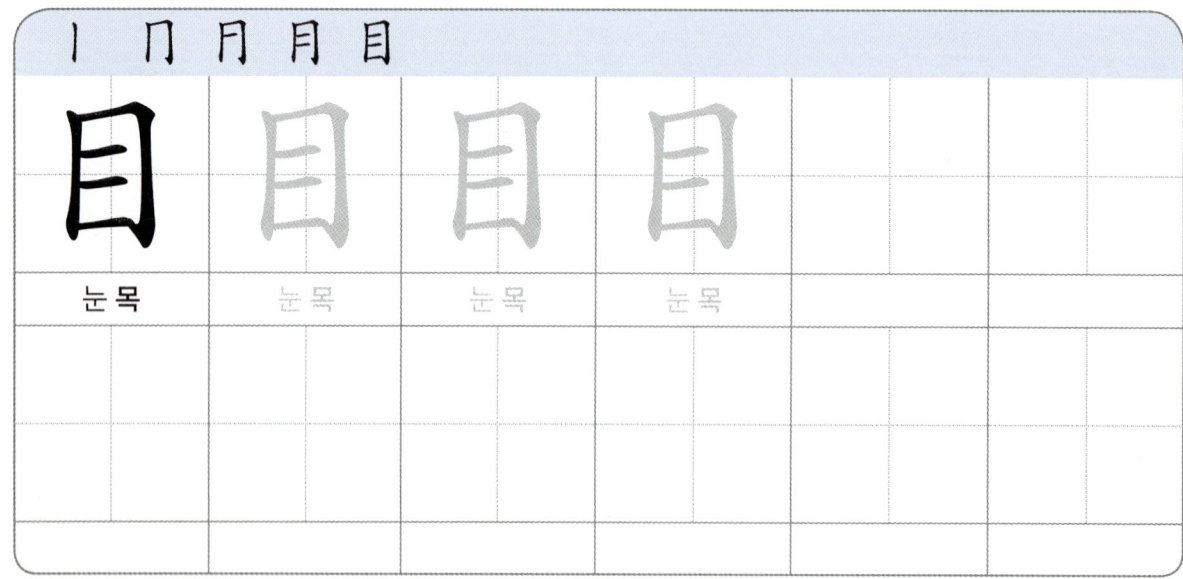

**생활 쏙쏙** 한자로 쓰인 한자어의 음(소리)을 쓰세요.

(1) 올해도 시험에 떨어져서 부모님께 **面目**(면___)이 없었습니다.

(2) 이번 전시회에 많은 사람의 **耳目**(이___)이 쏠렸습니다.

## 오뚝오뚝 코를 짚어 나를 말해 **스스로 자**

- **自力**(자력): 스스로의 힘
- **自生**(자생): 스스로 살아감.

▶ '自'는 '코'를 본뜬 글자로, 자신을 말할 때 코를 가리킨 데서 '스스로'라는 뜻이 생김.

### 한자 쓱쑥   한자의 뜻과 음(소리)을 큰 소리로 읽으며, 순서에 맞게 쓰세요.

### 생활 쓱쑥   한자로 쓰인 한자어의 음(소리)을 쓰세요.

(1) 우리 팀은 自力( ___력 )으로 신기술 개발에 성공하였습니다.

(2) 민들레는 전국 산과 들에 自生( ___생 )합니다.

# 21 사람 한자

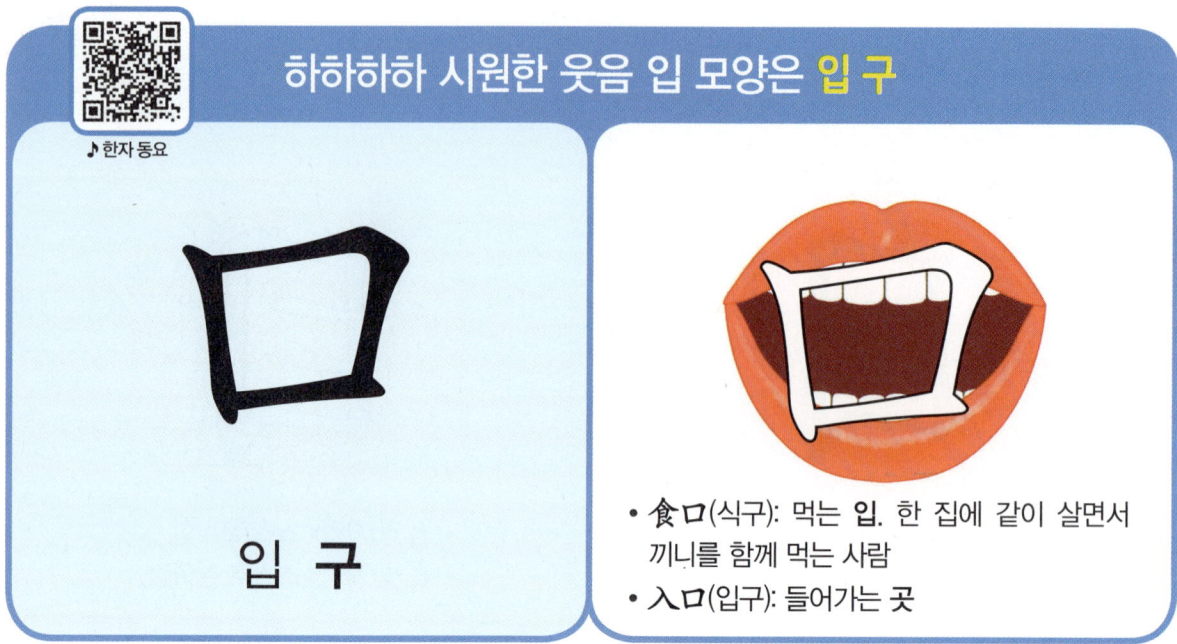

하하하하 시원한 웃음 입 모양은 **입 구**

♪한자 동요

口
입 구

- 食口(식구): 먹는 **입**. 한 집에 같이 살면서 끼니를 함께 먹는 사람
- 入口(입구): 들어가는 곳

▶ '口'는 '사람들이 드나드는 곳'이나 '사람의 수'를 나타내기도 함.

### 한자 쏙쏙  한자의 뜻과 음(소리)을 큰 소리로 읽으며, 순서에 맞게 쓰세요.

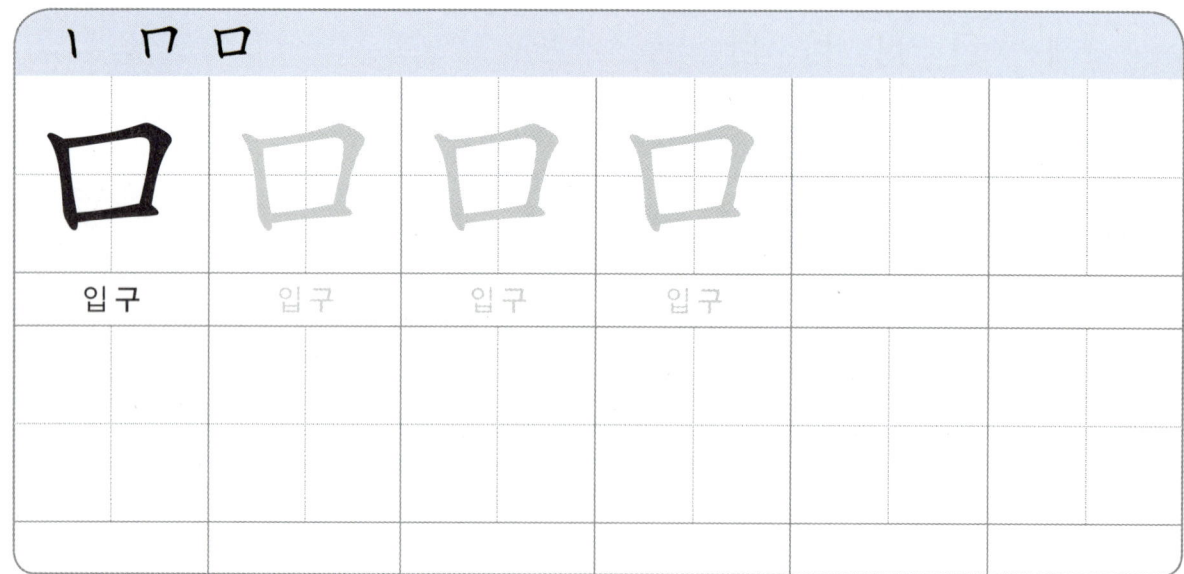

| ㅣ 冂 口 | | | | | |
|---|---|---|---|---|---|
| 口 | 口 | 口 | 口 | | |
| 입 구 | 입 구 | 입 구 | 입 구 | | |

### 생활 쏙쏙  한자로 쓰인 한자어의 음(소리)을 쓰세요.

(1) 우리 집은 총 다섯 食口( 식___ )입니다.

(2) 동굴 入口( 입___ )에 들어서자 시원한 기운이 느껴졌습니다.

> 정답 및 해설은 **151**쪽

📅 _____월 _____일

- 心中(심중): 마음속
- 人心(인심): 사람의 마음. 남을 도와주려는 마음

### ✏️ 한자 쏙쏙  한자의 뜻과 음(소리)을 큰 소리로 읽으며, 순서에 맞게 쓰세요.

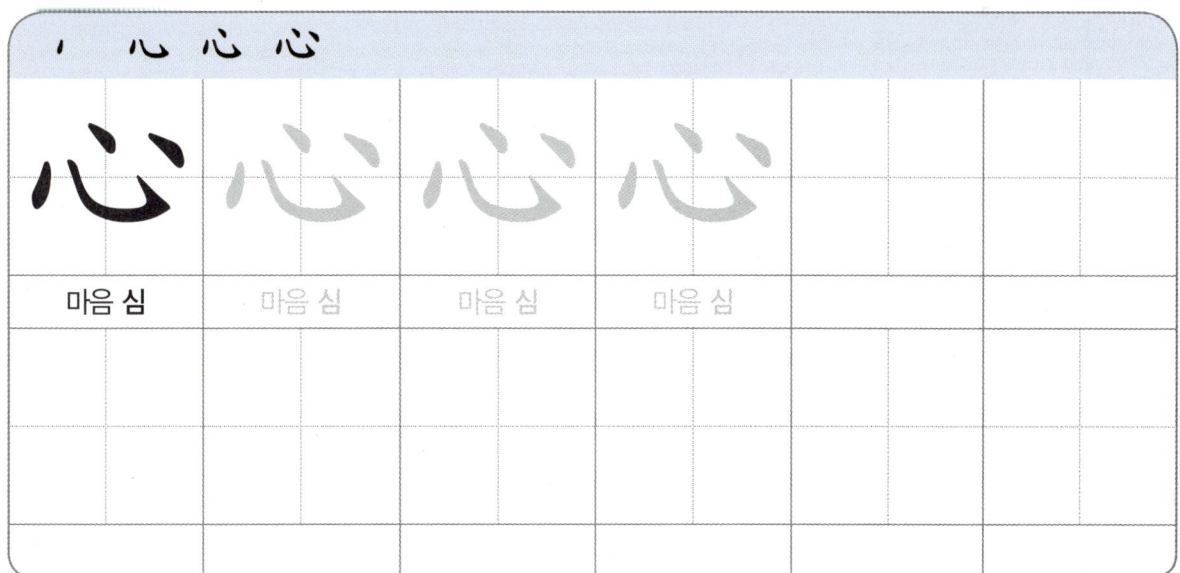

### 🌱 생활 쏙쏙  한자로 쓰인 한자어의 음(소리)을 쓰세요.

(1) 나는 오늘 친구에게 心中( ___중 )에 묻어 두었던 말을 하려고 합니다.

(2) 人心( 인___ ) 좋은 이장님 덕분에 맛있는 수박을 먹었습니다.

한자 도레미  **49**

## 22 사람 한자

✎ 한자쏙쏙  한자의 뜻과 음(소리)을 큰 소리로 읽으며, 순서에 맞게 쓰세요.

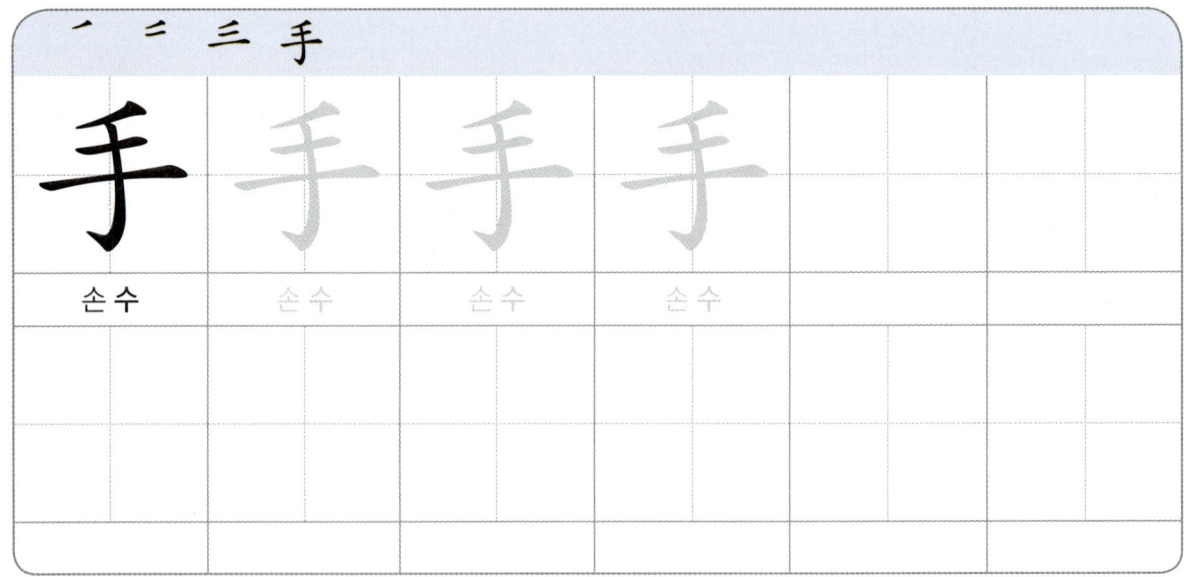

🌱 생활쏙쏙  한자로 쓰인 한자어의 음(소리)을 쓰세요.

(1) 나그네 手中( ___중 )에는 단돈 천 원이 있었습니다.

(2) 발명품을 만드는 데 필요한 자료를 모두 入手( 입___ )하였습니다.

📅 _____월 _____일

꼬물꼬물 다섯 발가락 쿵쿵 걷는 **발 족**

♪한자 동요

足
발 족

- 手足(수족): 손과 발. 손발과 같이 마음대로 부리는 사람
- 自足(자족): 스스로 만족함.

▶ '足'은 '만족하다'라는 뜻이 있음.

✏️ **한자 쏙쏙** 한자의 뜻과 음(소리)을 큰 소리로 읽으며, 순서에 맞게 쓰세요.

🌱 **생활 쏙쏙** 한자로 쓰인 한자어의 음(소리)을 쓰세요.

(1) 갑작스러운 강추위에 手足( 수___ )이 꽁꽁 얼었습니다.

(2) 나는 용돈이 부족할 때 自足( 자___ )하는 삶을 삽니다.

한자 도레미 **51**

# 23 사람 한자

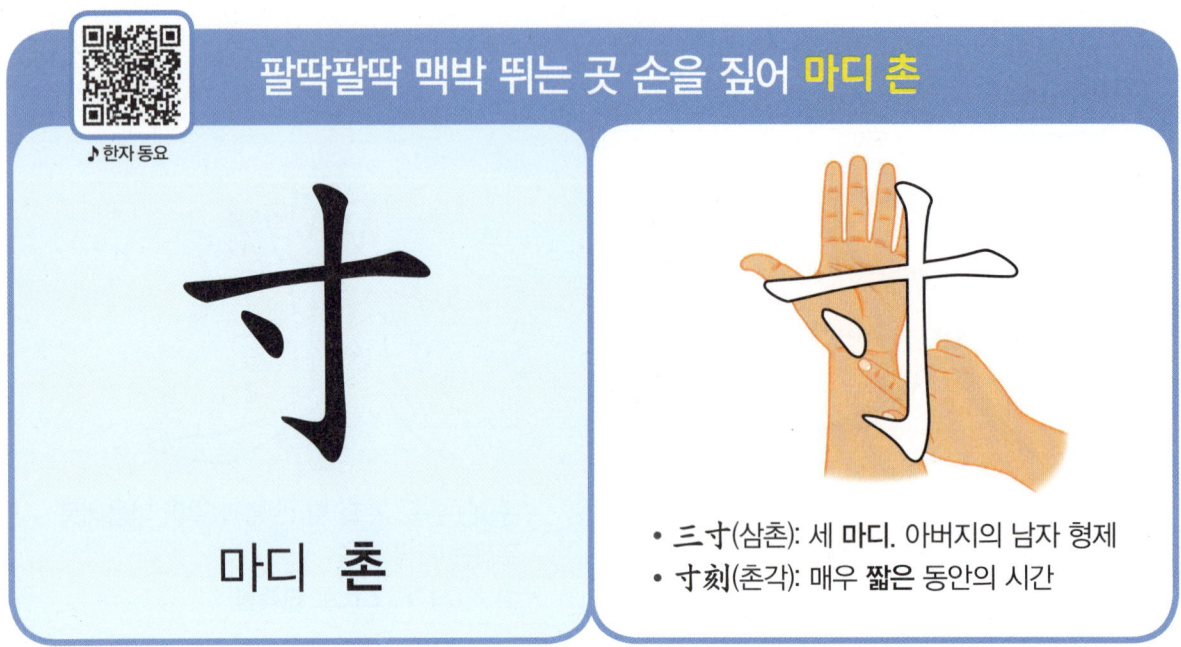

팔딱팔딱 맥박 뛰는 곳 손을 짚어 **마디 촌**

♪한자동요

寸

마디 촌

- 三寸(삼촌): 세 **마디**. 아버지의 남자 형제
- 寸刻(촌각): 매우 **짧은** 동안의 시간

▶ '寸'은 '짧다'라는 뜻이 있음.

📝 **한자 쏙쏙** 한자의 뜻과 음(소리)을 큰 소리로 읽으며, 순서에 맞게 쓰세요.

一 寸 寸

| 寸 | 寸 | 寸 | 寸 | | | |
|---|---|---|---|---|---|---|
| 마디 촌 | 마디 촌 | 마디 촌 | 마디 촌 | | | |
| | | | | | | |
| | | | | | | |

🌱 **생활 쏙쏙** 한자로 쓰인 한자어의 음(소리)을 쓰세요.

(1) 三寸( 삼___ )이 치킨을 사 들고 우리 집에 왔습니다.

(2) 寸刻( ___각 )을 다투는 응급 상황에서 구급대가 도착하였습니다.

불끈불끈 주먹 쥐고 힘을 쓰는 **힘 력**

- 水力(수력): 물의 힘
- 人力(인력): 사람의 힘

**한자 쏙쏙** 한자의 뜻과 음(소리)을 큰 소리로 읽으며, 순서에 맞게 쓰세요.

ㄱ 力

| 力 힘 력 | 力 힘 력 | 力 힘 력 | 力 힘 력 | | | |
|---|---|---|---|---|---|---|
| | | | | | | |
| | | | | | | |

**생활 쏙쏙** 한자로 쓰인 한자어의 음(소리)을 쓰세요.

(1) 水力( 수___ ) 발전소는 물의 높이차를 이용하여 전기를 생산합니다.
(2) 지금 수해 복구 현장에는 人力( 인___ )이 턱없이 부족합니다.

한자 도레미

# 24 행동 한자

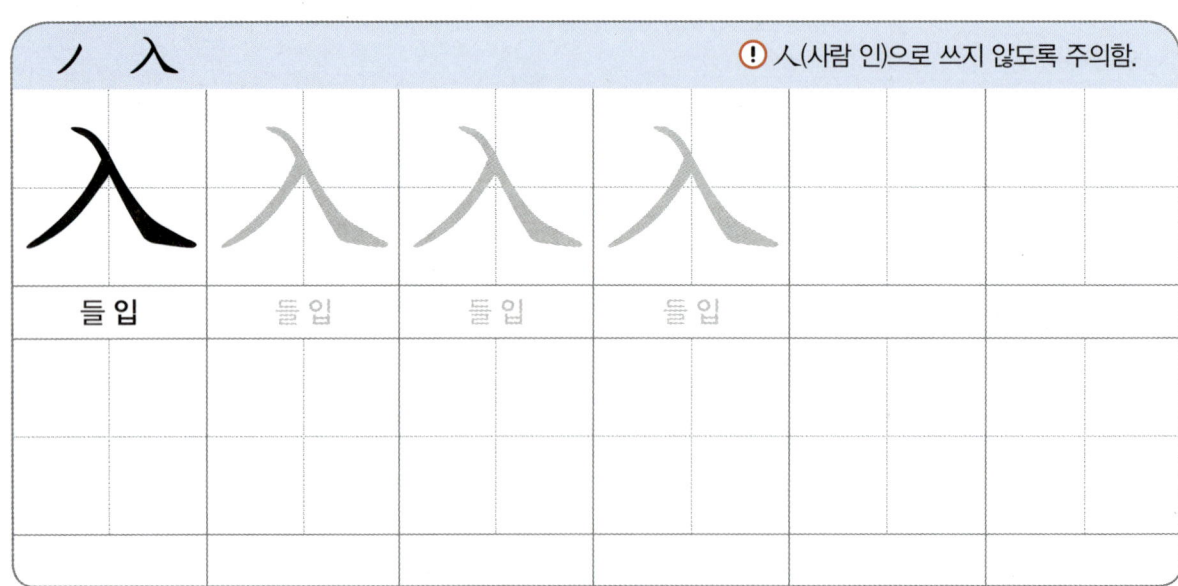

🌱 **생활 쏙쏙** 한자로 쓰인 한자어의 음(소리)을 쓰세요.

(1) 나는 내년에 중학교에 入學( ___학 )합니다.

(2) 이곳은 관계자 외에는 出入( 출___ )할 수 없습니다.

 _____월 _____일

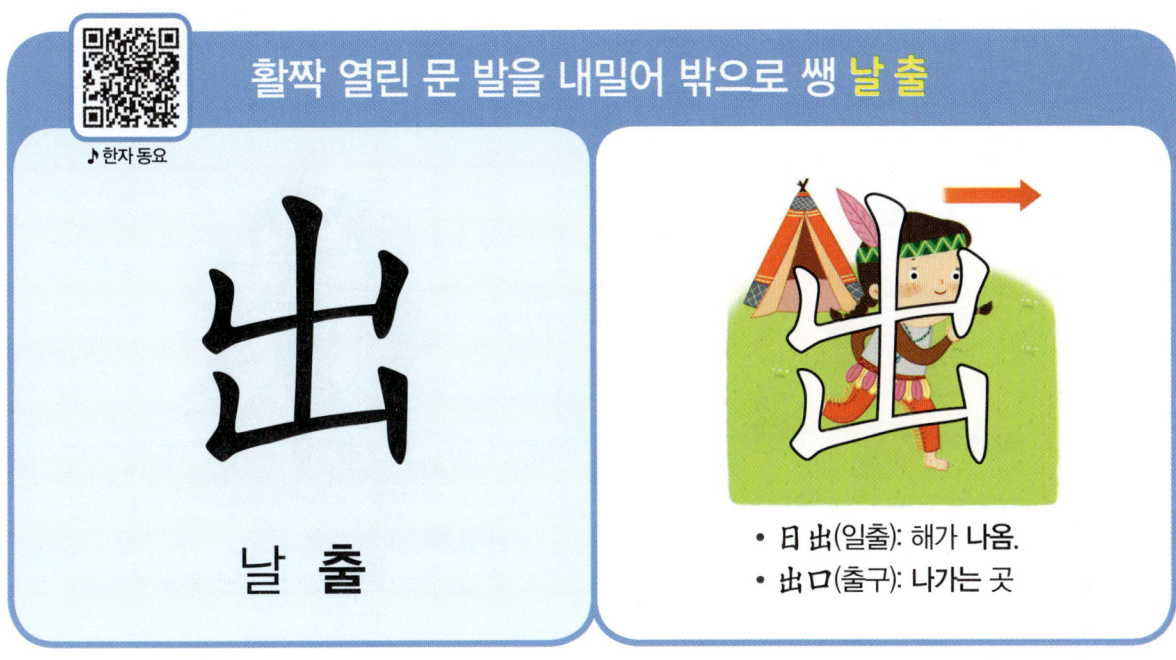

- 日出(일출): 해가 나옴.
- 出口(출구): 나가는 곳

⭐ 뜻이 서로 반대(상대)되는 한자: 出(날 출) ↔ 入(들 입)

### ✏️ 한자 쏙쏙   한자의 뜻과 음(소리)을 큰 소리로 읽으며, 순서에 맞게 쓰세요.

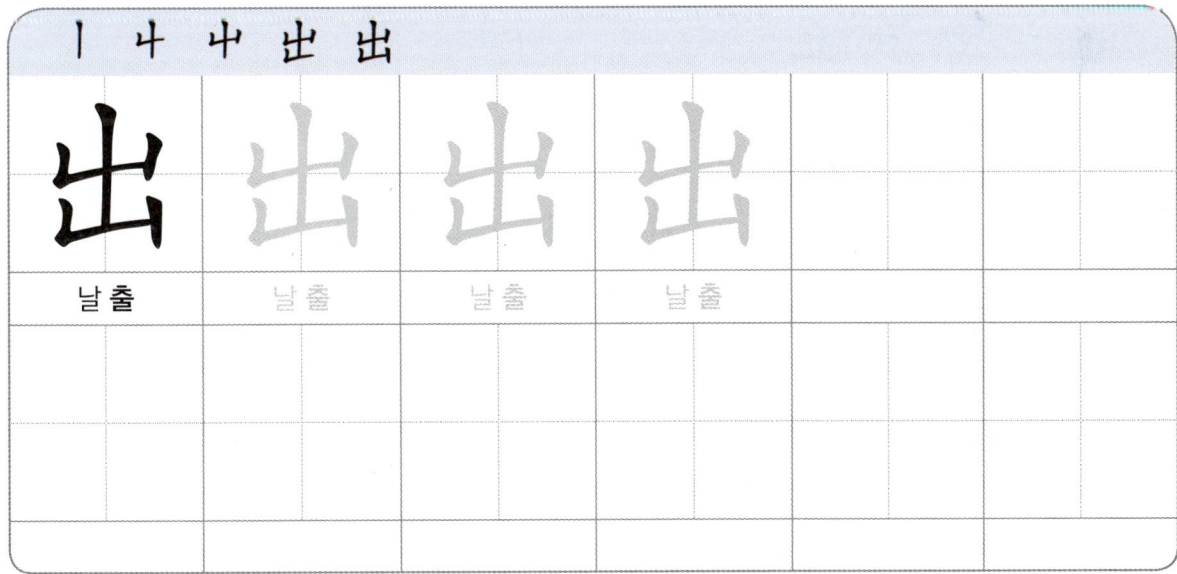

### 🌱 생활 쏙쏙   한자로 쓰인 한자어의 음(소리)을 쓰세요.

(1) 새해 아침 온 가족이 日出( 일___ )을 보았습니다.

(2) 우리는 동물원을 모두 둘러본 후에 出口( ___구 )로 나왔습니다.

한자 도레미 **55**

# 25 행동 한자

우뚝우뚝 양팔 벌리고 다리 뻗어 설 립

♪한자동요

立
설 립

- 自立(자립): 스스로 섬.
- 中立(중립): 가운데 섬. 공정하게 행동함.

**한자 쏙쏙** 한자의 뜻과 음(소리)을 큰 소리로 읽으며, 순서에 맞게 쓰세요.

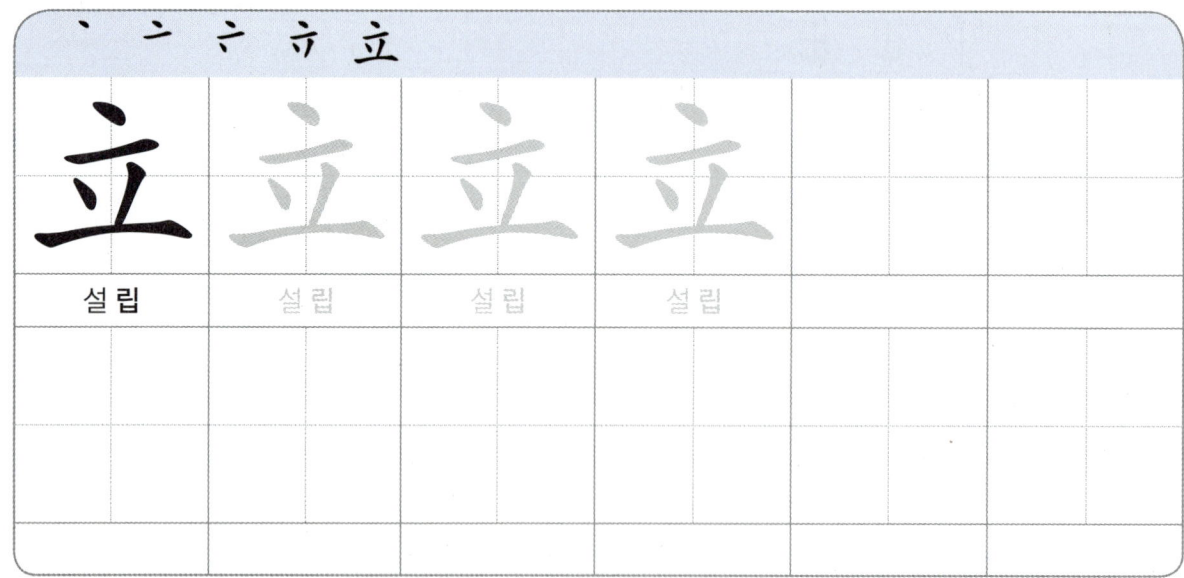

**생활 쏙쏙** 한자로 쓰인 한자어의 음(소리)을 쓰세요.

(1) 형은 고등학교 졸업 후 경제적으로 自立( 자___ )하였습니다.
(2) 내가 동생과 싸우면 어머니는 늘 中立( 중___ )을 지키십니다.

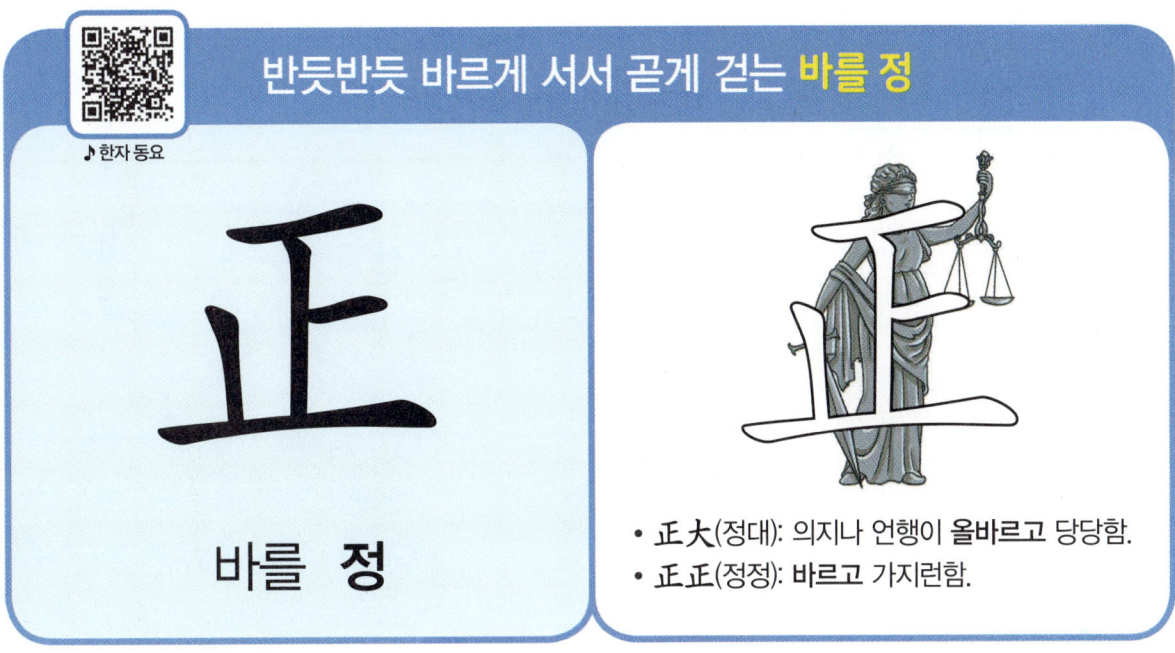

- 正大(정대): 의지나 언행이 올바르고 당당함.
- 正正(정정): 바르고 가지런함.

**한자 쏙쏙** 한자의 뜻과 음(소리)을 큰 소리로 읽으며, 순서에 맞게 쓰세요.

**생활 쏙쏙** 한자로 쓰인 한자어의 음(소리)을 쓰세요.

(1) 판사님은 공명正大( ___대 )하게 판결을 내렸습니다.
(2) 월드컵에서 우리 팀은 작년 우승 팀을 상대로 正正( _____ )당당하게 싸웠습니다.

## 26 와우! 내 실력!

① 빈칸에 알맞은 한자를 보기 에서 찾아 쓰세요.

보기  母 工 子 父 口 入

(1)
(2)
(3)
(4)

❷ [  ] 안의 한자와 뜻이 반대(상대)되는 한자를 찾아 번호를 쓰세요.

(1) [ 入 ]   ① 父   ② 出   ③ 立   ④ 正   (        )

(2) [ 弟 ]   ① 兄   ② 力   ③ 寸   ④ 人   (        )

❸ 보기 의 단어들과 관련이 깊은 한자를 찾아 번호를 쓰세요.

(1)  보기   안대   시력   물안경        (        )

　　① 手   ② 口   ③ 心   ④ 目

(2)  보기   딸   언니   소녀           (        )

　　① 夫   ② 工   ③ 自   ④ 女

❹ [  ] 안의 뜻을 가진 한자를 찾아 번호를 쓰세요.

(1) 내일 친구가 전학을 간다고 생각하니 [ 마음 ]이 아픕니다.   (        )

　　① 手   ② 心   ③ 目   ④ 立

(2) 축구는 [ 발 ]로 공을 차서 골에 넣는 운동입니다.   (        )

　　① 足   ② 正   ③ 子   ④ 夫

❺ □ 안에 공통으로 들어갈 한자를 보기 에서 찾아 쓰세요.

보기   男   主   弟   口

(1) 自□  □人  (        )   (2) □女  □子  (        )

# 27 자연 한자

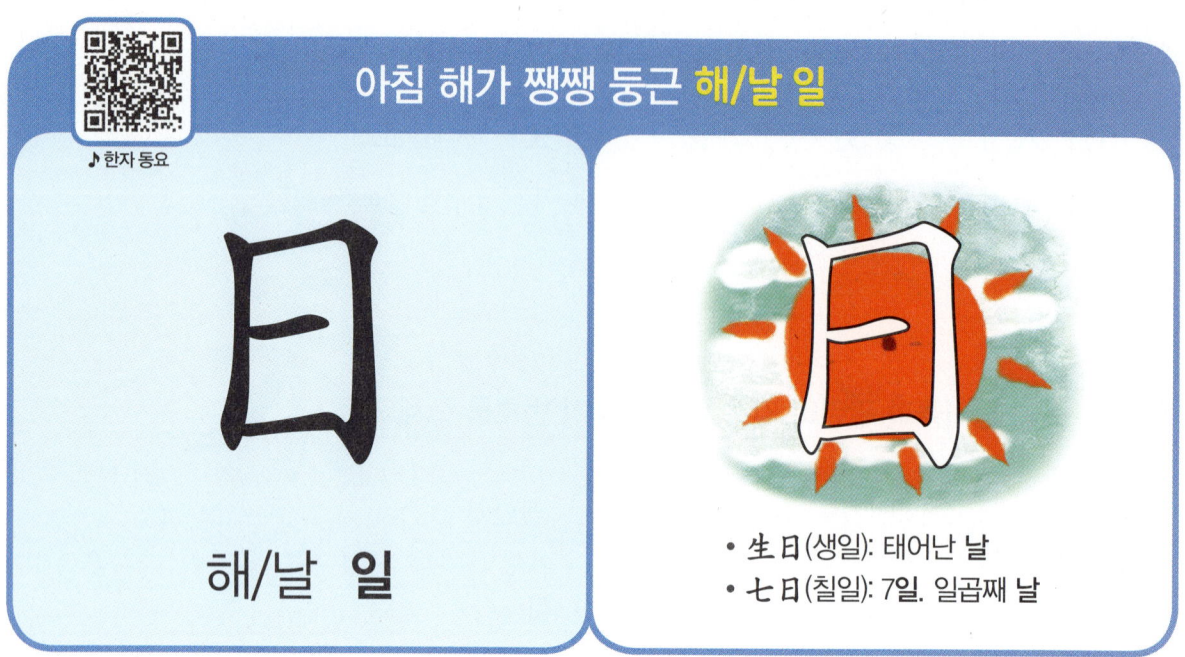

🖍️ **한자 쏙쏙** 한자의 뜻과 음(소리)을 큰 소리로 읽으며, 순서에 맞게 쓰세요.

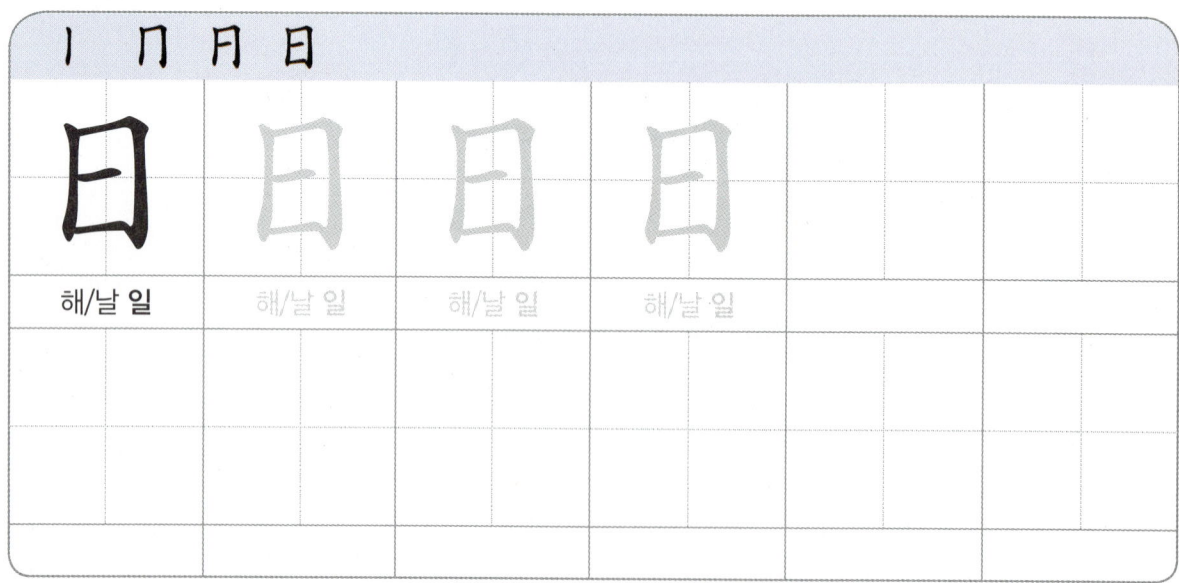

🌱 **생활 쏙쏙** 한자로 쓰인 한자어의 음(소리)을 쓰세요.

(1) 오늘은 나의 열 번째 生日(생___)입니다.

(2) 七日(칠___) 후면 새 학년이 시작됩니다.

✏️ **한자 쏙쏙**  한자의 뜻과 음(소리)을 큰 소리로 읽으며, 순서에 맞게 쓰세요.

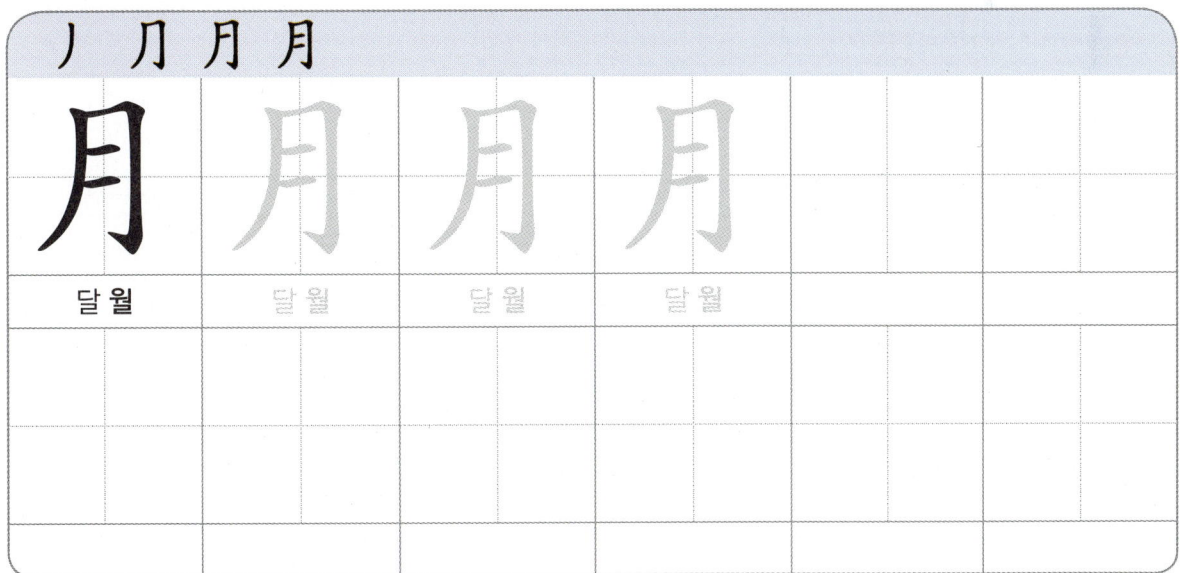

🌱 **생활 쏙쏙**  한자로 쓰인 한자어의 음(소리)을 쓰세요.

(1) 九月( 구___ )이 되자 바람이 제법 선선합니다.

(2) 여러분의 앞길이 日月( 일___ )과 같이 빛나기를 바랍니다.

# 28 자연 한자

모닥불이 타닥타닥 뜨거운 **불 화**

♪ 한자 동요

火
불 화

- 火力(화력): 불의 힘
- 火山(화산): 불(땅속 가스나 용암)이 땅을 뚫고 터져 나와 생긴 산

✏️ **한자 쏙쏙** 한자의 뜻과 음(소리)을 큰 소리로 읽으며, 순서에 맞게 쓰세요.

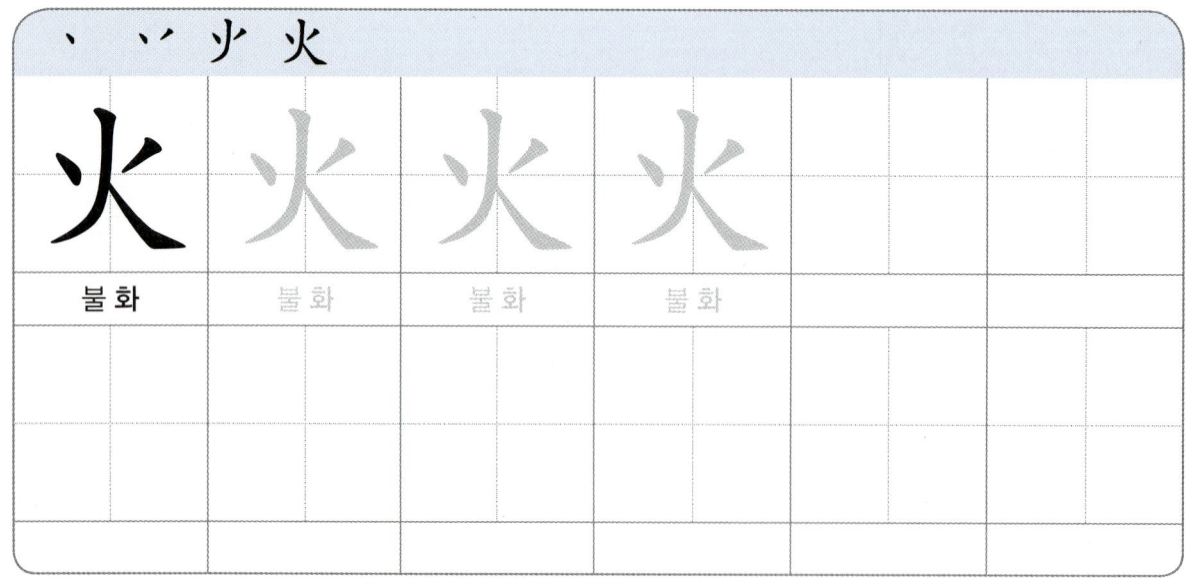

丶 ⺍ 少 火

| 火 | 火 | 火 | 火 | | |
|---|---|---|---|---|---|
| 불 화 | 불 화 | 불 화 | 불 화 | | |

🌱 **생활 쏙쏙** 한자로 쓰인 한자어의 음(소리)을 쓰세요.

(1) 아버지는 火力( ___력 )이 좋은 가스레인지를 구입하셨습니다.

(2) 어제부터 火山( ___산 ) 폭발의 징후가 나타나기 시작하였습니다.

▶ 정답 및 해설은 151쪽

📅 ........월 ........일

• 水門(수문): 물이 지나는 문
• 水中(수중): 물속

⭐ 뜻이 서로 반대(상대)되는 한자: 水(물 수) ↔ 火(불 화)

✏️ **한자 쏙쏙** 한자의 뜻과 음(소리)을 큰 소리로 읽으며, 순서에 맞게 쓰세요.

❗ 양쪽 모양이 같을 때는 가운데를 먼저 씀.

🌱 **생활 쏙쏙** 한자로 쓰인 한자어의 음(소리)을 쓰세요.

(1) 댐의 水門( ___문 )을 열어 물을 흘려 보냈습니다.

(2) 水中( ___중 ) 탐사선을 타고 바닷속을 탐험하였습니다.

한자 도레미　63

## 29 자연 한자

가지 뿌리 쭉쭉 뻗은 한 그루 **나무 목**

♪한자 동요

木

나무 목

- 木石(목석): 나무와 돌. 나무나 돌처럼 아무런 감정도 없는 사람
- 土木(토목): 흙과 나무

**한자쏙쏙** 한자의 뜻과 음(소리)을 큰 소리로 읽으며, 순서에 맞게 쓰세요.

一 十 才 木

| 木 | 木 | 木 | 木 | | | | |
|---|---|---|---|---|---|---|---|
| 나무 목 | 나무 목 | 나무 목 | 나무 목 | | | | |

**생활쏙쏙** 한자로 쓰인 한자어의 음(소리)을 쓰세요.

(1) 나의 농담 한 마디면 木石(___석)같은 친구도 방긋 웃습니다.

(2) 홍수로 무너진 다리를 복구하기 위해 土木(토___) 공사를 시작하였습니다.

📅 _____월 _____일

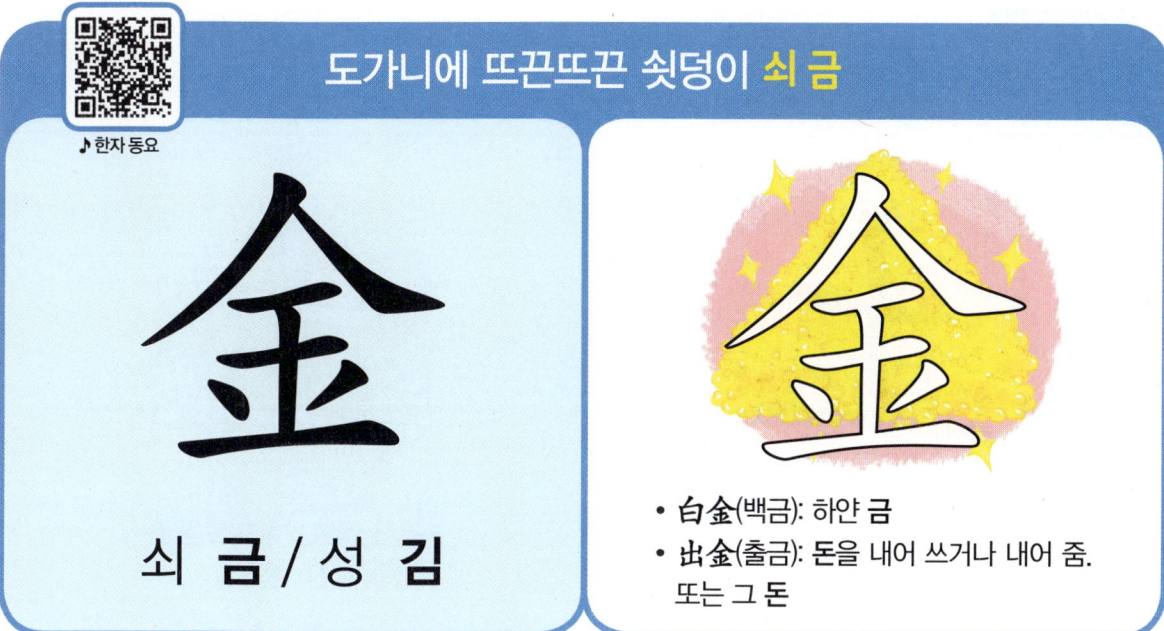

도가니에 뜨끈뜨끈 쇳덩이 **쇠 금**

金
쇠 금 / 성 김

- 白金(백금): 하얀 금
- 出金(출금): 돈을 내어 쓰거나 내어 줌. 또는 그 돈

▶ '金'은 '돈'이라는 뜻이 있음.

✏️ **한자 쑥쑥**   한자의 뜻과 음(소리)을 큰 소리로 읽으며, 순서에 맞게 쓰세요.

丿 亻 𠆢 亼 亽 仐 余 金

| 金 | 金 | 金 | 金 | | | |
|---|---|---|---|---|---|---|
| 쇠금/성김 | 쇠금/성김 | 쇠금/성김 | 쇠금/성김 | | | |

🌱 **생활 쑥쑥**   한자로 쓰인 한자어의 음(소리)을 쓰세요.

(1) 박물관에서 白金(백___)으로 만든 조각상을 보았습니다.

(2) 나는 어제 통장에서 만 원을 出金(출___)하였습니다.

한자 도레미

 # 30 자연 한자

### 한자쏙쏙 한자의 뜻과 음(소리)을 큰 소리로 읽으며, 순서에 맞게 쓰세요.

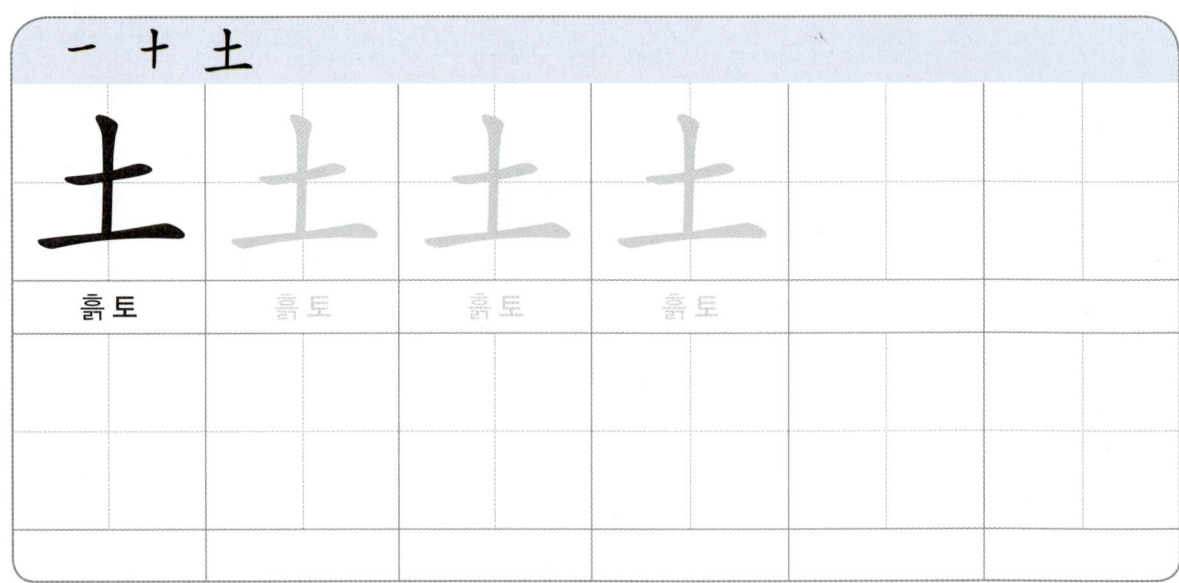

### 생활쏙쏙 한자로 쓰인 한자어의 음(소리)을 쓰세요.

(1) 白土( 백___ )로 빚은 도자기가 무척 아름답습니다.

(2) 간밤에 비가 많이 내려 학교 뒤편의 土山( ___산 )이 무너져 내렸습니다.

### 우뚝우뚝 세 개의 봉우리 메 산

- 山水(산수): 산과 물. 경치
- 入山(입산): 산속에 들어감.

▶ '메'는 '산'을 예스럽게 부르는 말임.

**한자 쓱쓱** 한자의 뜻과 음(소리)을 큰 소리로 읽으며, 순서에 맞게 쓰세요.

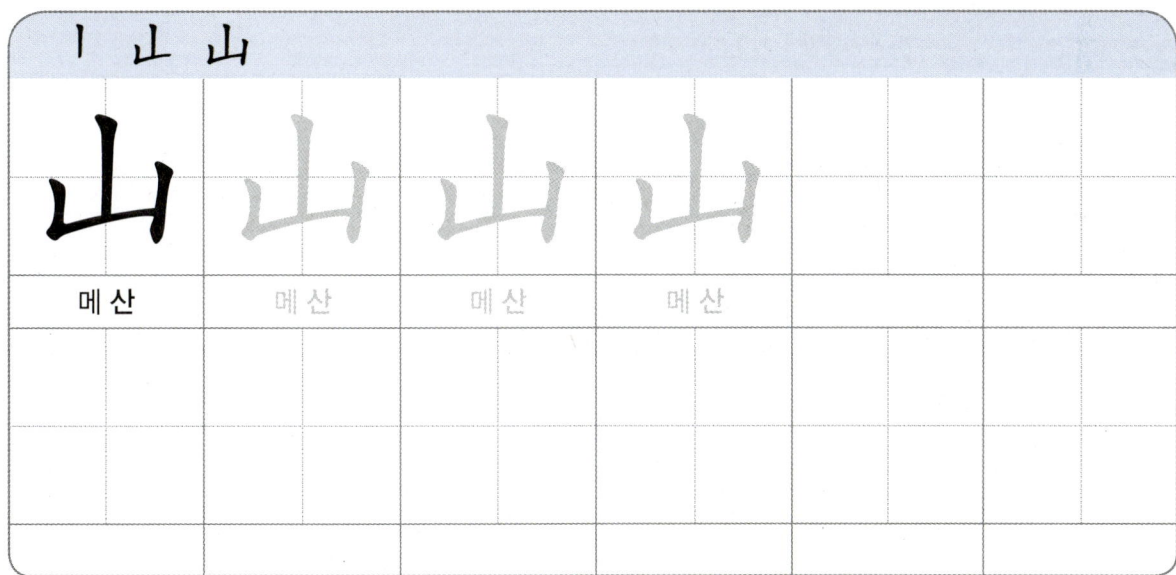

**생활 쓱쓱** 한자로 쓰인 한자어의 음(소리)을 쓰세요.

(1) 우리는 여름휴가를 山水( ___ 수 )가 아름다운 곳에서 보내려고 합니다.
(2) 이곳은 入山( 입 ___ ) 금지 구역입니다.

# 31 자연 한자

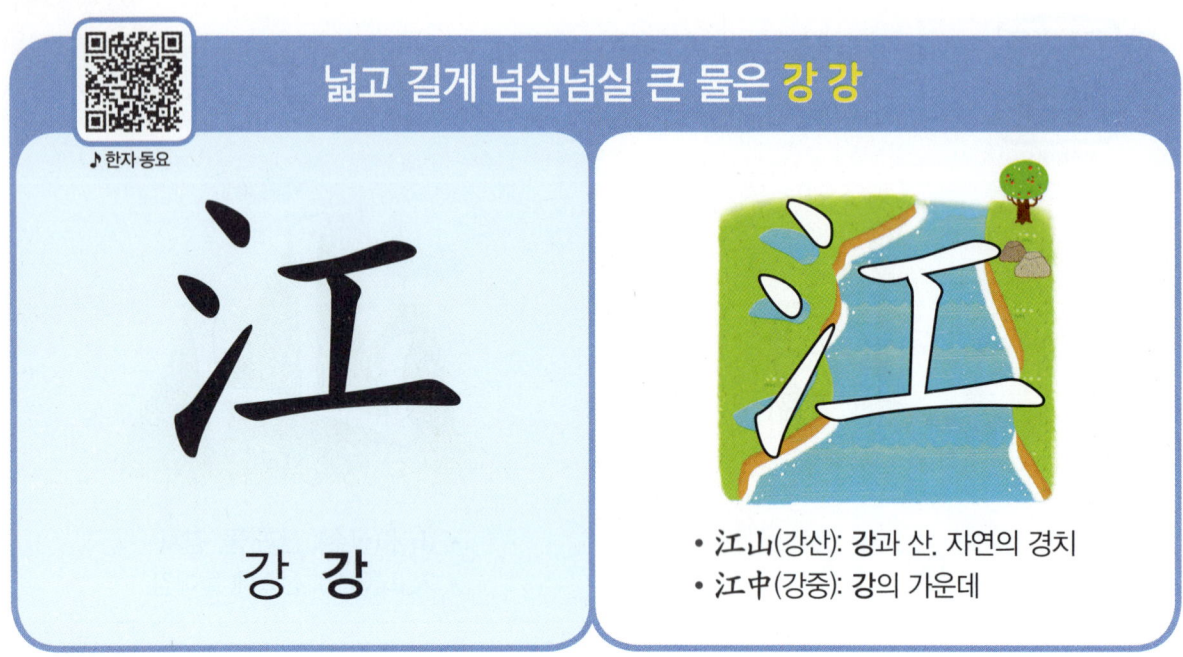

넓고 길게 넘실넘실 큰 물은 강 강

江
강 강

- 江山(강산): 강과 산. 자연의 경치
- 江中(강중): 강의 가운데

✏️ **한자 쏙쏙** 한자의 뜻과 음(소리)을 큰 소리로 읽으며, 순서에 맞게 쓰세요.

丶 丶 氵 氵 汀 江 江

| 江 | 江 | 江 | 江 | | | |
|---|---|---|---|---|---|---|
| 강 강 | 강 강 | 강 강 | 강 강 | | | |

🌱 **생활 쏙쏙** 한자로 쓰인 한자어의 음(소리)을 쓰세요.

(1) 우리 속담에 십 년이면 江山(___산)도 변한다고 합니다.

(2) 노를 저어 江中(___중)으로 들어갈수록 서늘한 바람이 불어왔습니다.

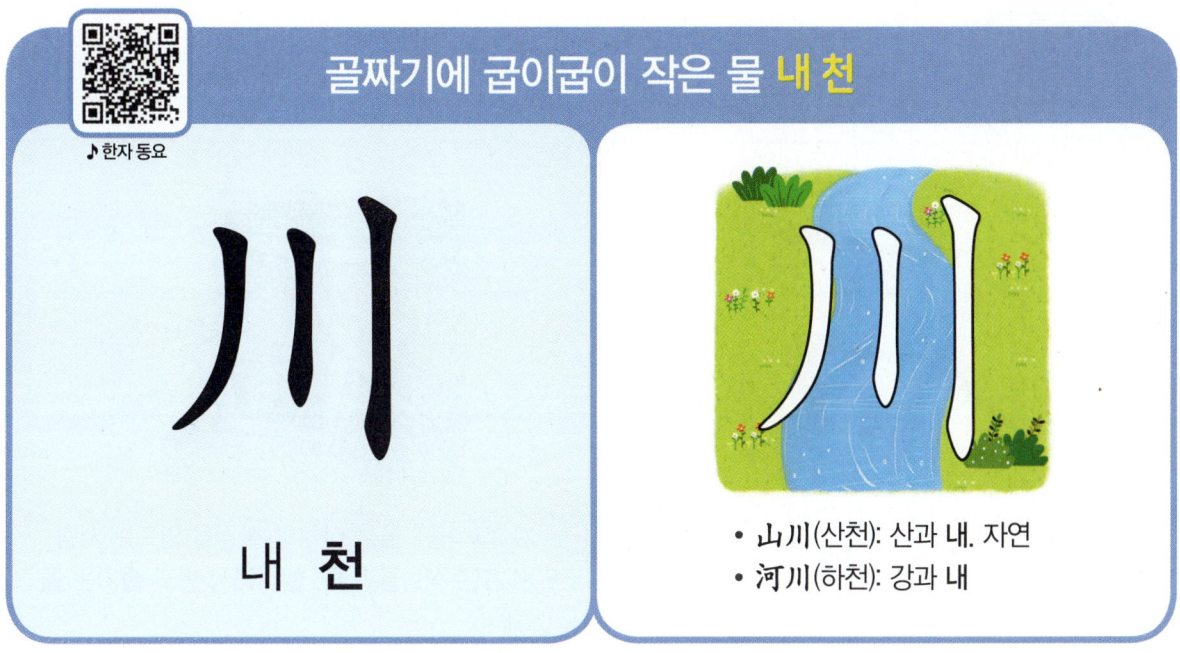

✏️ 한자쏙쏙 한자의 뜻과 음(소리)을 큰 소리로 읽으며, 순서에 맞게 쓰세요.

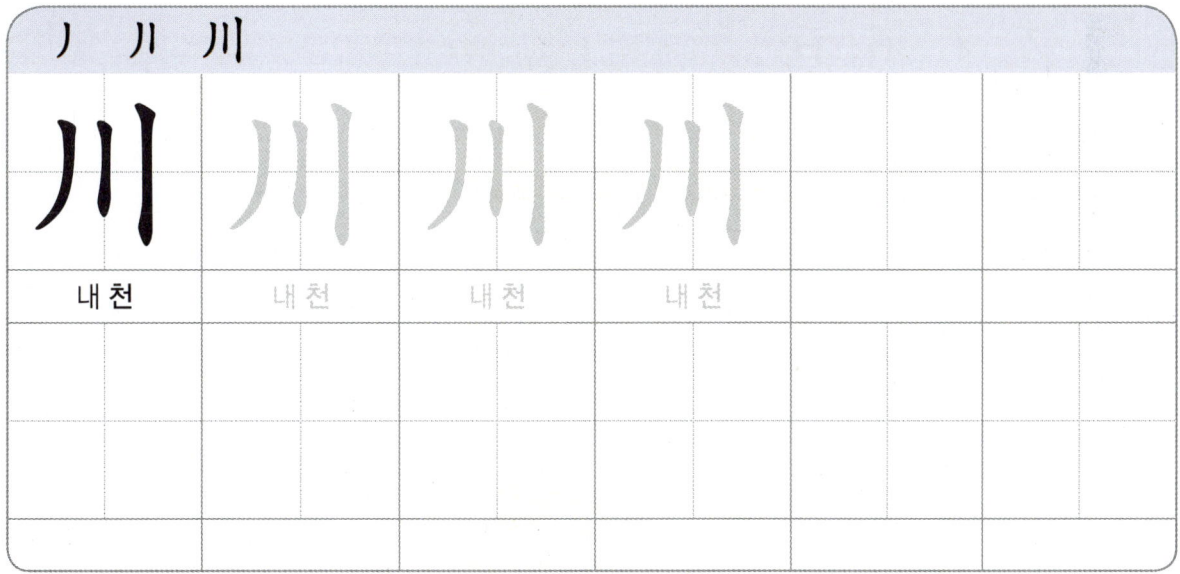

🌱 생활쏙쏙 한자로 쓰인 한자어의 음(소리)을 쓰세요.

(1) 문득 고향 山川( 산___ )에 만발했던 개나리가 생각납니다.
(2) 공장 지대에서 흘려 버린 폐수로 인근 河川( 하___ )이 오염되었습니다.

# 32 자연 한자

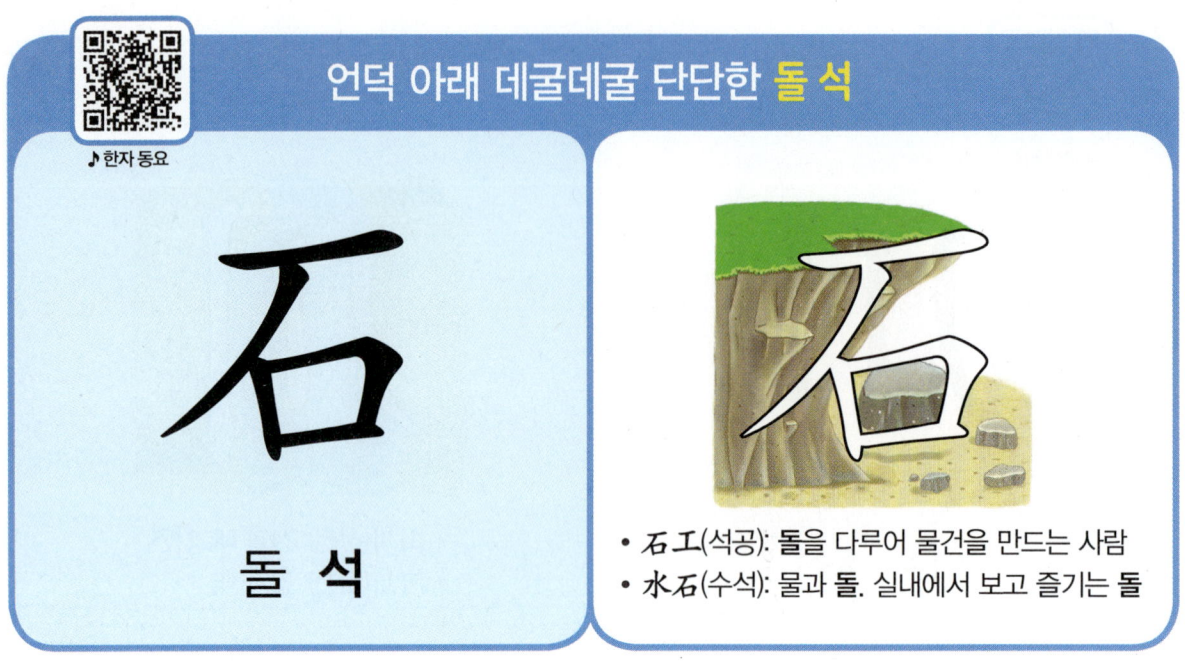

언덕 아래 데굴데굴 단단한 **돌 석**

石
돌 석

- 石工(석공): 돌을 다루어 물건을 만드는 사람
- 水石(수석): 물과 돌. 실내에서 보고 즐기는 돌

**한자 쏙쏙** 한자의 뜻과 음(소리)을 큰 소리로 읽으며, 순서에 맞게 쓰세요.

一 ア 丆 石 石

| 石 | 石 | 石 | 石 | | |
|---|---|---|---|---|---|
| 돌 석 | 돌 석 | 돌 석 | 돌 석 | | |

**생활 쏙쏙** 한자로 쓰인 한자어의 음(소리)을 쓰세요.

(1) 石工( ___공 )은 온 정성을 기울여 돌을 다듬었습니다.

(2) 깊은 산속 절벽 아래를 지나며 기이한 水石( 수___ )을 많이 보았습니다.

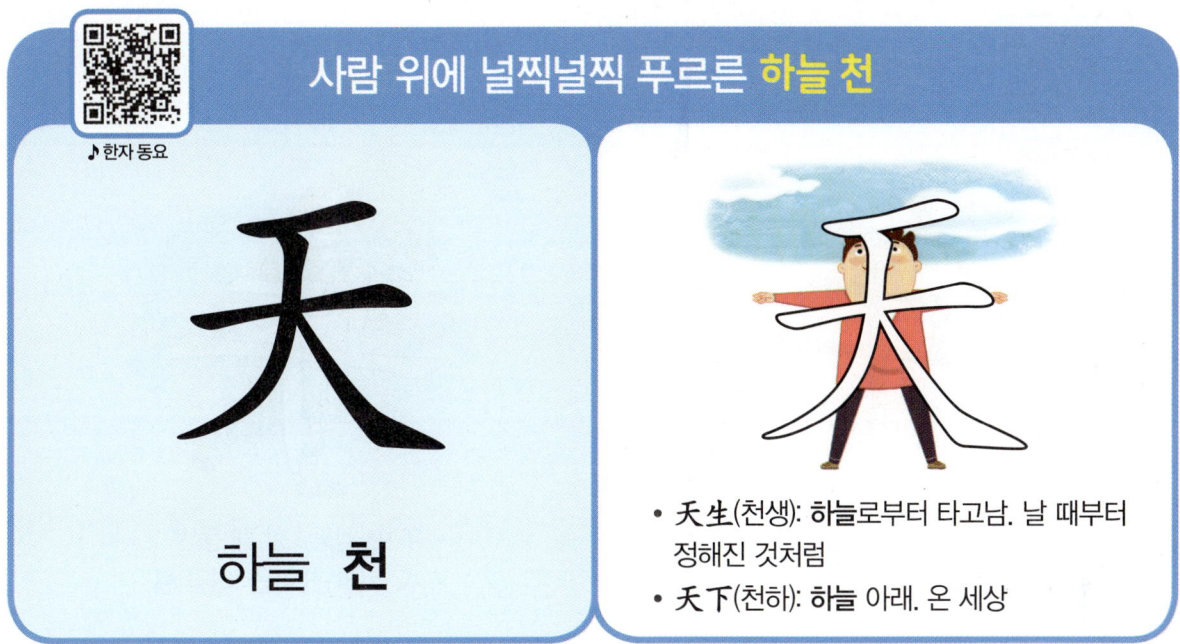

### 사람 위에 널찍널찍 푸르른 하늘 천

하늘 천

- 天生(천생): 하늘로부터 타고남. 날 때부터 정해진 것처럼
- 天下(천하): 하늘 아래. 온 세상

✏️ **한자 쏙쏙** 한자의 뜻과 음(소리)을 큰 소리로 읽으며, 순서에 맞게 쓰세요.

🌱 **생활 쏙쏙** 한자로 쓰인 한자어의 음(소리)을 쓰세요.

(1) 늘 학생을 먼저 생각하는 우리 아버지는 天生(____생) 선생님입니다.

(2) 天下(____하) 제일의 명창이 아리랑을 부릅니다.

## 33 자연 한자

> '年'의 뜻인 '해'는 '지구가 태양을 한 바퀴 도는 동안'을 뜻함.

**한자쏙쏙** 한자의 뜻과 음(소리)을 큰 소리로 읽으며, 순서에 맞게 쓰세요.

**생활쏙쏙** 한자로 쓰인 한자어의 음(소리)을 쓰세요.

(1) 추석을 앞두고 과일값이 年中( ___중 ) 최고 가격입니다.

(2) 나는 바이올린을 배운 지 八年( 팔___ )이 되었습니다.

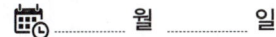

✏️ **한자 쏙쏙**  한자의 뜻과 음(소리)을 큰 소리로 읽으며, 순서에 맞게 쓰세요.

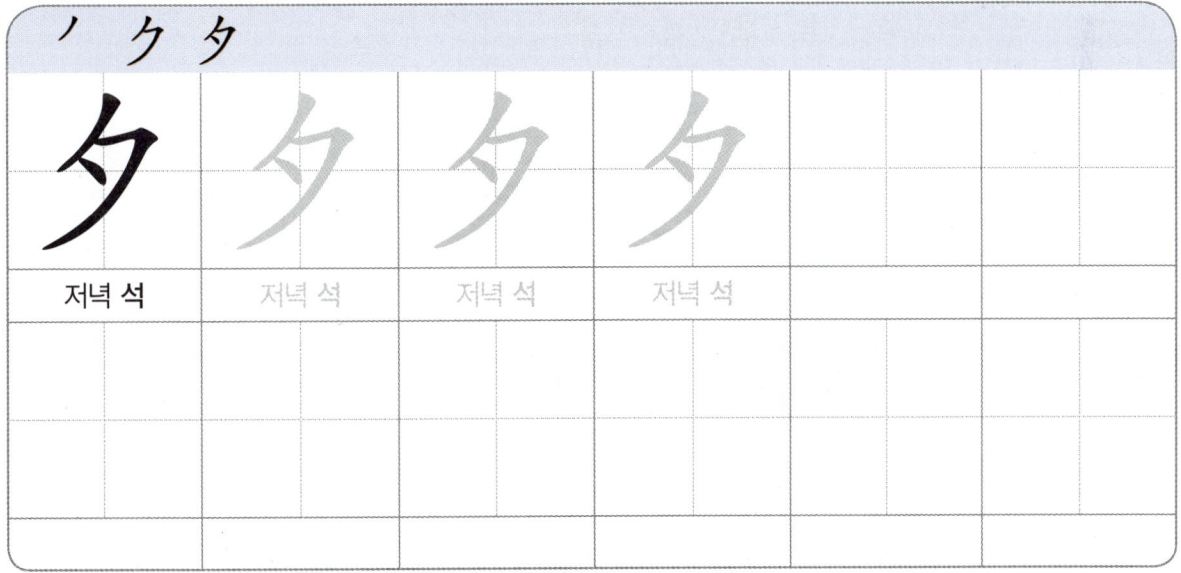

🌱 **생활 쏙쏙**  한자로 쓰인 한자어의 음(소리)을 쓰세요.

(1) 붉은 夕日( ___일 )를 바라보며 옛 추억을 떠올렸습니다.

(2) 七夕( 칠___ )날 오작교에서 견우와 직녀가 만났습니다.

# 34 자연 한자

📝 **한자 쏙쏙** 한자의 뜻과 음(소리)을 큰 소리로 읽으며, 순서에 맞게 쓰세요.

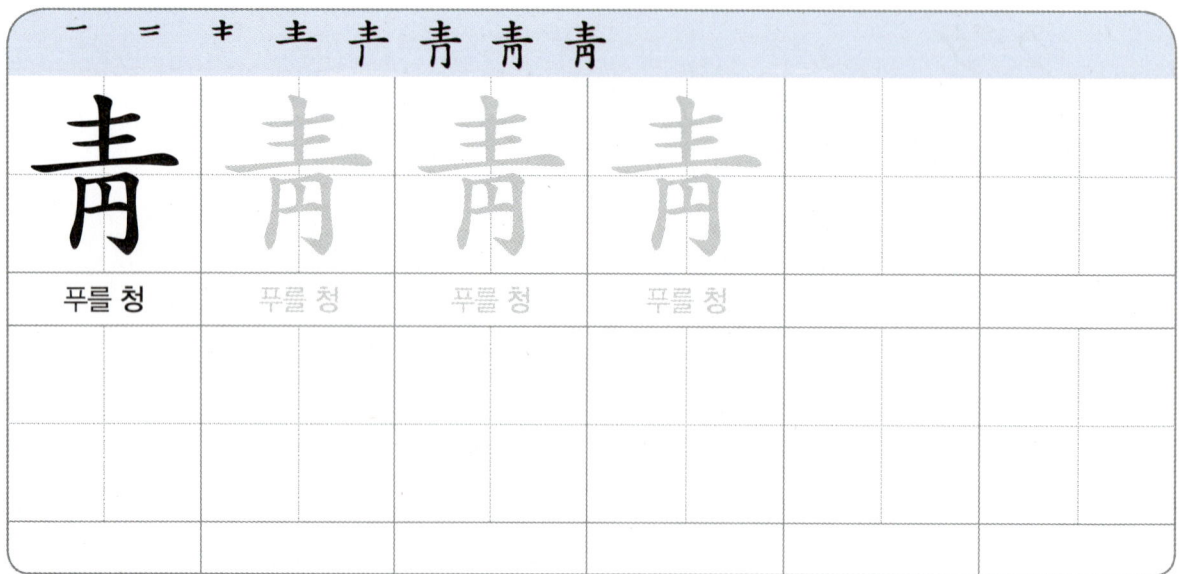

🌱 **생활 쏙쏙** 한자로 쓰인 한자어의 음(소리)을 쓰세요.

(1) 나는 靑山( ___산 )에서 맑은 공기를 마시며 살고 싶습니다.

(2) 靑天( ___천 )에 느닷없이 폭우가 내리기 시작하였습니다.

📝 **한자쏙쏙** 한자의 뜻과 음(소리)을 큰 소리로 읽으며, 순서에 맞게 쓰세요.

🌱 **생활쏙쏙** 한자로 쓰인 한자어의 음(소리)을 쓰세요.

(1) 白馬( ___마 )가 푸른 잔디 위를 힘차게 달립니다.
(2) 한 소년이 벤치에 앉아 靑白色( 청___색 )의 피리를 불고 있습니다.

## 35 기타 한자

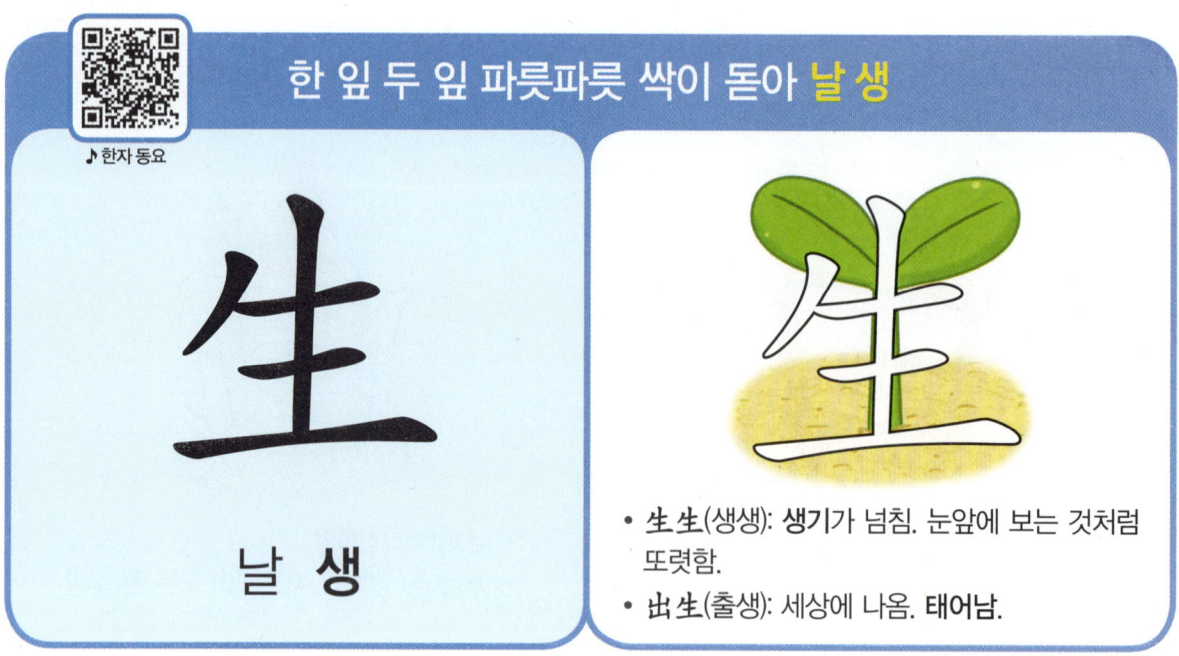

✏️ **한자 쏙쏙** 한자의 뜻과 음(소리)을 큰 소리로 읽으며, 순서에 맞게 쓰세요.

🌱 **생활 쏙쏙** 한자로 쓰인 한자어의 음(소리)을 쓰세요.

(1) 오늘 시장에서 生生(____)한 야채와 생선을 샀습니다.

(2) 내 동생은 어제 出生( 출___ ) 신고를 마쳤습니다.

활짝 열고 꼭 닫는 두 개의 **문 문**

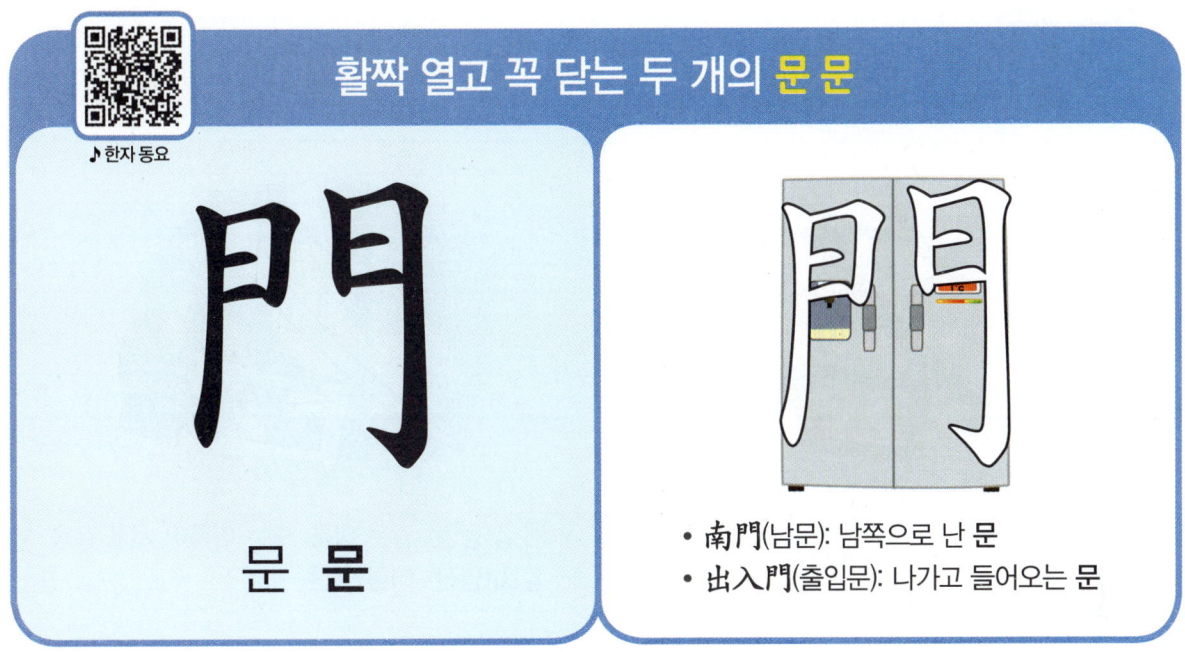

- 南門(남문): 남쪽으로 난 문
- 出入門(출입문): 나가고 들어오는 문

**한자 쏙쏙** 한자의 뜻과 음(소리)을 큰 소리로 읽으며, 순서에 맞게 쓰세요.

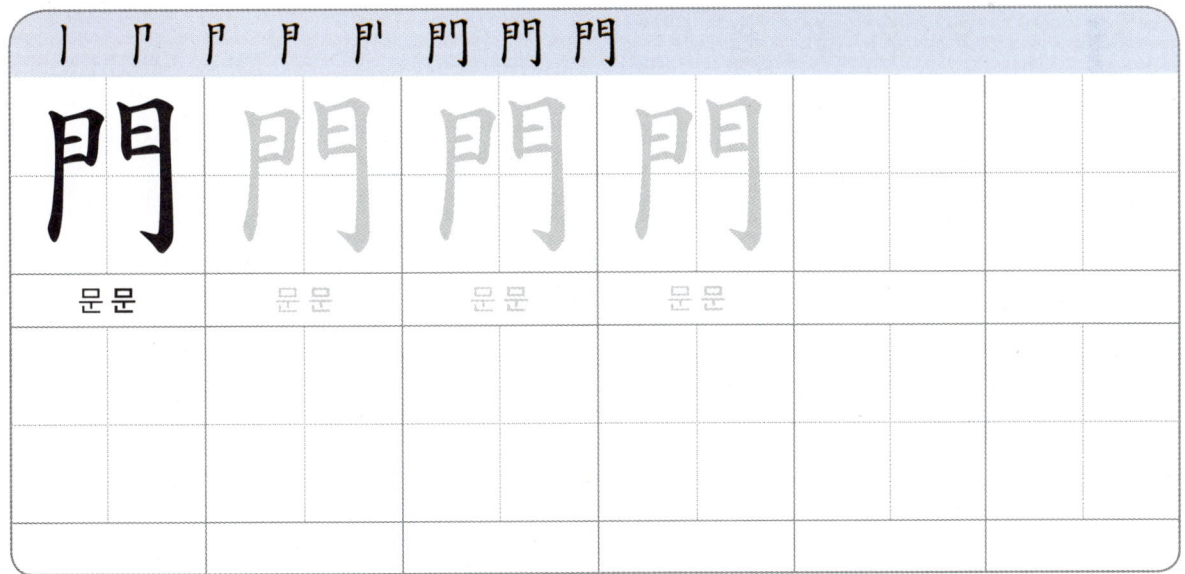

**생활 쏙쏙** 한자로 쓰인 한자어의 음(소리)을 쓰세요.

(1) 놀이동산 南門( 남___ ) 쪽에는 동물원이 있습니다.
(2) 멋진 전학생이 出入門( 출입___ )을 열고 들어왔습니다.

## 36 기타 한자

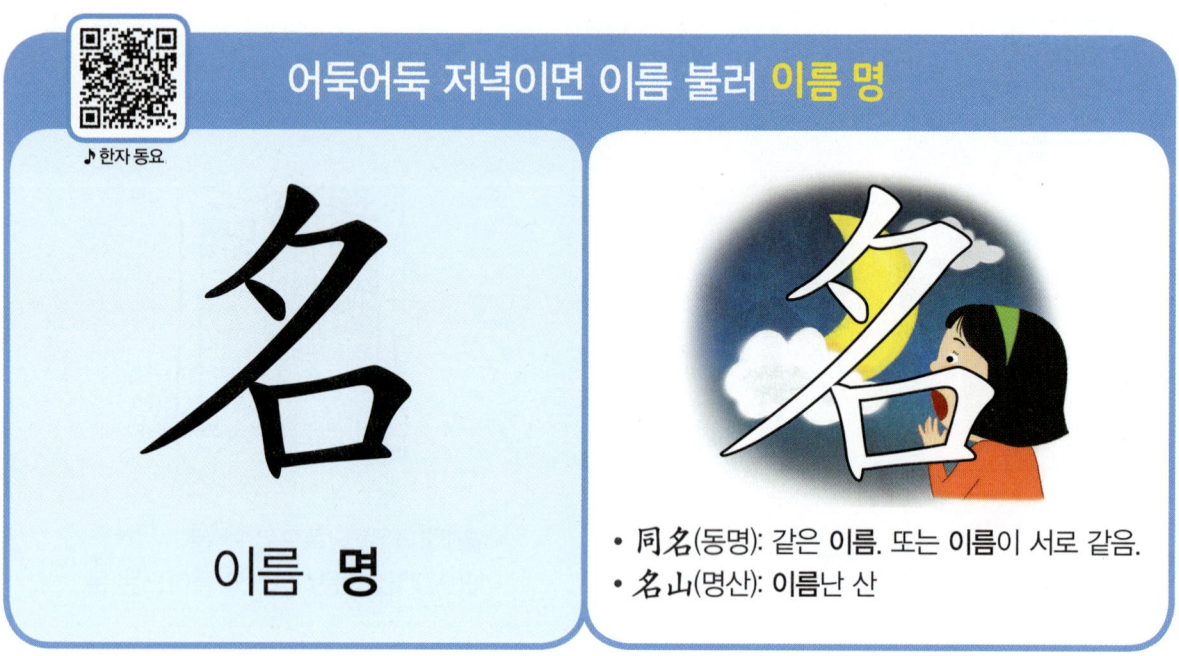

♪ 한자 동요

어둑어둑 저녁이면 이름 불러 **이름 명**

名 이름 명

- 同名(동명): 같은 **이름**. 또는 **이름**이 서로 같음.
- 名山(명산): **이름**난 산

**한자 쏙쏙** 한자의 뜻과 음(소리)을 큰 소리로 읽으며, 순서에 맞게 쓰세요.

丿 ク 夕 夕 名 名

名 名 名 名
이름 명  이름 명  이름 명  이름 명

**생활 쏙쏙** 한자로 쓰인 한자어의 음(소리)을 쓰세요.

(1) 우리 반에는 同名( 동___ )의 친구가 여러 명 있습니다.
(2) 나는 세계 100대 名山( ___산 )을 모두 오를 것입니다.

정답 및 해설은 **152**쪽

📅 _____월 _____일

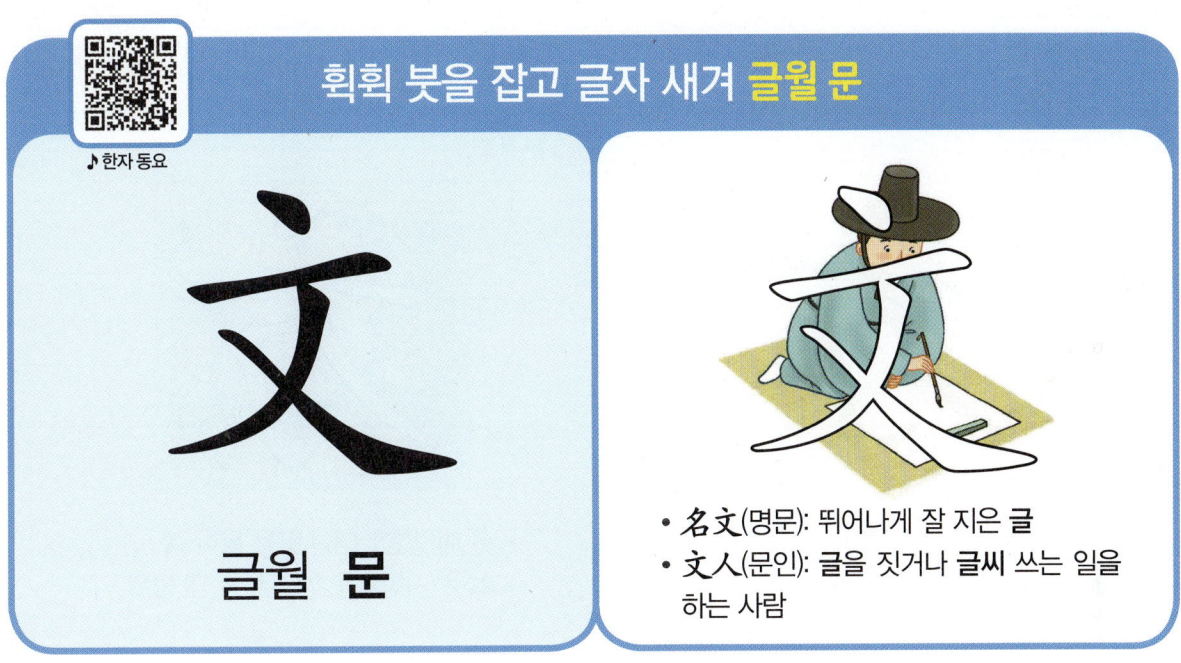

'글월'은 '글이나 문장'을 이르는 말임.

📝 **한자 쓱쓱** 한자의 뜻과 음(소리)을 큰 소리로 읽으며, 순서에 맞게 쓰세요.

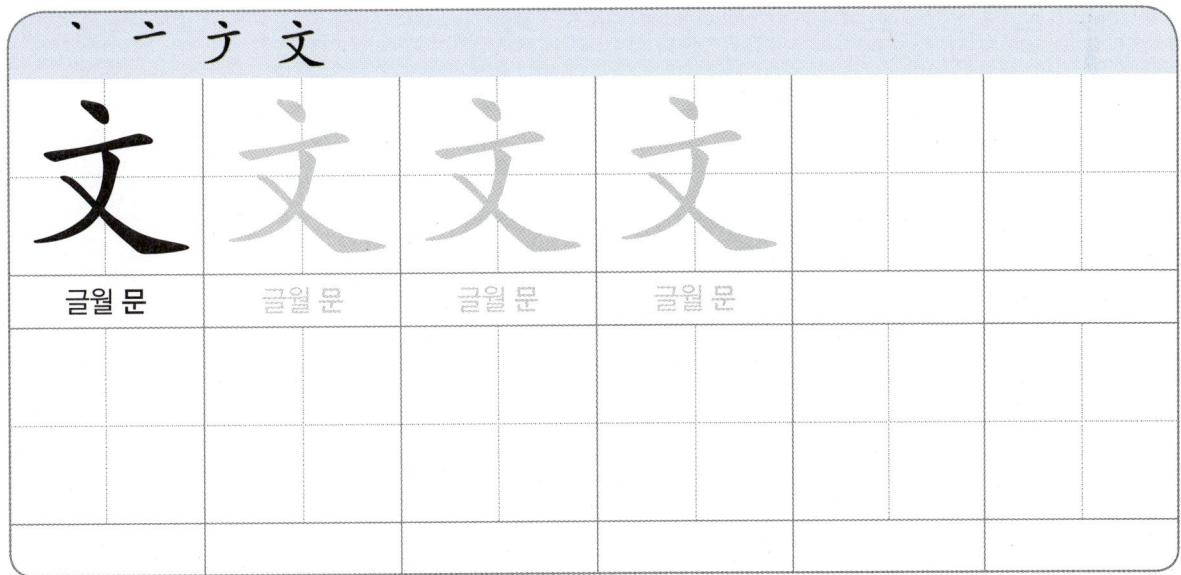

🌱 **생활 쏙쏙** 한자로 쓰인 한자어의 음(소리)을 쓰세요.

(1) 名文( 명___ )을 읽을 때마다 감탄이 절로 나옵니다.

(2) 그는 당대 최고의 文人( ___인 )으로 이름을 날렸습니다.

한자 도레미 **79**

# 37 기타 한자

세모 네모 뾰족뾰족 모퉁이 모 방

方
모 방

- 方向(방향): 어떤 곳을 향한 쪽
- 四方(사방): 동, 서, 남, 북 네 방위

▷ '方'은 '모(물건의 겉으로 쑥 나온 귀퉁이)', '방향', '방법'이라는 뜻이 있음.

**한자 쏙쏙** 한자의 뜻과 음(소리)을 큰 소리로 읽으며, 순서에 맞게 쓰세요.

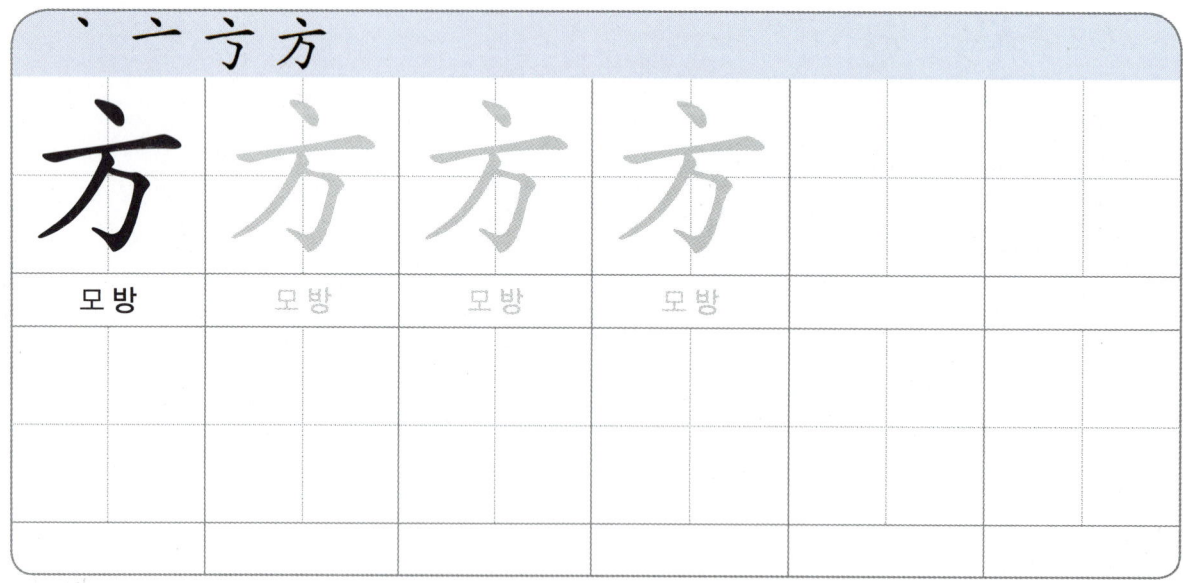

`、 一 亠 方`

| 方 | 方 | 方 | 方 | | |
|---|---|---|---|---|---|
| 모 방 | 모 방 | 모 방 | 모 방 | | |

**생활 쏙쏙** 한자로 쓰인 한자어의 음(소리)을 쓰세요.

(1) 方向( ___향 ) 감각을 잃고 길을 헤맸습니다.

(2) 종소리가 四方( 사___ )으로 울려 퍼졌습니다.

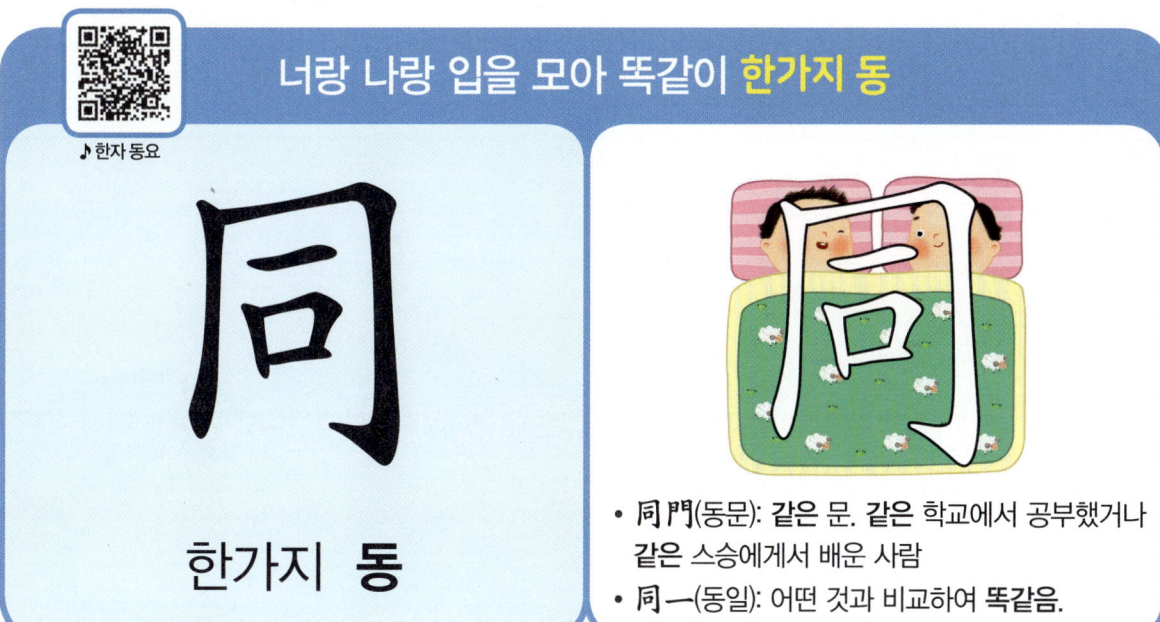

너랑 나랑 입을 모아 똑같이 **한가지 동**

♪한자 동요

同

한가지 동

- 同門(동문): 같은 문. 같은 학교에서 공부했거나 같은 스승에게서 배운 사람
- 同一(동일): 어떤 것과 비교하여 **똑같음**.

**한자 쏙쏙** 한자의 뜻과 음(소리)을 큰 소리로 읽으며, 순서에 맞게 쓰세요.

丨 冂 冂 同 同 同

| 同 | 同 | 同 | 同 | | | |
|---|---|---|---|---|---|---|
| 한가지 동 | 한가지 동 | 한가지 동 | 한가지 동 | | | |

**생활 쏙쏙** 한자로 쓰인 한자어의 음(소리)을 쓰세요.

(1) 이 체육관은 同門(___문)들의 성금을 모아 지었습니다.

(2) 젓가락 두 짝의 길이가 同一(___일)합니다.

## 38 와우! 내 실력!

① 그림 속에 숨겨진 한자를 찾고, 한자의 뜻과 음을 써 보세요.

(1)
(2)
(3)
(4)
(5)
(6)

2 [　] 안의 한자와 음(소리)이 같은 한자를 찾아 번호를 쓰세요.

　　(1) [ 門 ]　　① 文　　② 金　　③ 月　　④ 山　　　　(　　)
　　(2) [ 天 ]　　① 木　　② 川　　③ 生　　④ 年　　　　(　　)

3 보기 의 단어들과 관련이 깊은 한자를 찾아 번호를 쓰세요.

　　(1)　보기　　　　노을　　달　　밤　　　　　　　　　(　　)

　　　① 土　　② 水　　③ 夕　　④ 名

4 [　] 안의 뜻을 가진 한자를 찾아 번호를 쓰세요.

　　(1) 높은 [ 하늘 ]에 흰 구름이 둥실 떠갑니다.　　　　(　　)
　　　① 門　　② 天　　③ 青　　④ 方
　　(2) [ 같은 ] 나이의 현수는 나의 가장 친한 친구입니다.　(　　)
　　　① 同　　② 白　　③ 金　　④ 日

5 □ 안에 공통으로 들어갈 한자를 보기 에서 찾아 쓰세요.

　　보기　　　　年　生　名　火　山

　　(1) 江□　□川　(　　　)　　(2) □文　同□　(　　　)

## 39 국어 교과서 한자어

교과서 한자어는 한자 쓰기 문제가 출제되지 않습니다.

---

**느낌을 살려 시를 낭송 해 봅시다.**

### 朗誦
밝을 랑 / 욀 송

- 뜻: 크게 소리를 내어 글을 읽거나 욈.
- '朗'이 한자어의 맨 앞에 올 때는 '낭'으로 읽음.

---

**글을 보지 않고 외워서 읊는 것을 암송 이라고 합니다.**

### 暗誦
어두울 암 / 욀 송

- 뜻: 글을 보지 아니하고 입으로 욈.
- '暗'은 '보이지 않음', '몰래'라는 뜻이 있음.

---

**만화를 읽으며 대화 의 특성을 생각해 봅시다.**

### 對話
대답할 대 / 말씀 화

- 뜻: 마주 대하여 이야기를 주고받음.
- 쓰임: 1:1 대화

---

**생활 쏙쏙** 밑줄 친 한자어의 음(소리)을 쓰세요.

(1) 운율에 맞추어 시 한 편을 朗誦(　　)하였습니다.
(2) 우리는 對話(　　)를 통해 문제를 해결하였습니다.

**퀴즈 띵똥** 다음 뜻이 설명하는 한자어로 알맞은 것에 ○표 하세요.

글을 보지 아니하고 입으로 욈.　　對話　　朗誦　　暗誦

## 국어사전을 活용하며 글을 읽어 봅시다.

**活用** 살 활 / 쓸 용
- 뜻: 충분히 잘 이용함.
- 쓰임: 시간 활용, 활용 방안

## 경험한 일의 원인과 結果를 생각해 봅시다.

**結果** 맺을 결 / 열매 과
- 뜻: 열매를 맺음. 어떤 원인으로 결말이 생김.
- 쓰임: 원인과 결과

## 높임 표현을 사용해 役割 놀이를 해 봅시다.

**役割** 부릴 역 / 벨 할
- 뜻: 자기가 마땅히 해야 할 맡은 일
- 쓰임: 역할 분담, 주인공 역할

### 생활 쏙쏙 — 밑줄 친 한자어의 음(소리)을 쓰세요.

(1) 계산한 <u>結果</u>(　　　)가 맞는지 확인해 봅시다.
(2) 소품을 <u>活用</u>(　　　)하여 방의 분위기를 바꾸었습니다.

### 퀴즈 띵똥 — 빈칸에 들어갈 한자어로 알맞은 것을 고르세요.

이번 연극에서 토끼 ○○을 맡았습니다.

① 結果　② 活用　③ 役割　④ 朗誦

# 40 국어 교과서 한자어

**세종 대왕이 했던 고민을 말해 봅시다.**

## 苦悶
괴로울 고 / 민망할 민

- 뜻 마음속으로 괴로워하고 애를 태움.
- '悶'은 '번민하다(마음이 답답하여 괴로워하다)'라는 뜻이 있음.

**한글을 소중히 여기는 마음을 담아 표어를 만들어 봅시다.**

## 標語
표할 표 / 말씀 어

- 뜻 의견이나 주장 등을 알리기 위해 간결하게 나타낸 짧은 어구

**책을 고를 때는 평소에 관심이 있던 분야에서 고릅니다.**

## 平素
평평할 평 / 흴 소

- 뜻 특별한 일이 없는 보통 때
- '平'은 '평범하다', '보통'이라는 뜻이 있음.

### 생활 쏙쏙  밑줄 친 한자어의 음(소리)을 쓰세요.

(1) 피곤해서 平素(　　　)보다 일찍 잠들었습니다.
(2) 불조심을 주제로 標語(　　　)를 만들었습니다.

### 퀴즈 띵똥  밑줄 친 한자어를 바르게 읽은 것을 고르세요.

나는 커서 무엇이 될지 苦悶해 보았습니다.

① 상상　② 고민　③ 생각　④ 고심

> 정답 및 해설은 **152쪽**

월 일

### 동생에게 말할 때는 이 해 하기 쉬운 말로 합니다.

**理解**
다스릴 **리** / 풀 **해**

- **뜻** 사리를 분별하여 **해석함**. 깨달아 앎.
- '理'는 '이치'라는 뜻으로, 한자어의 맨 앞에 쓰일 때는 '이'로 읽음.

### 공식적인 상황에서는 공 손 한 말투로 말합니다.

**恭遜**
공손 **공** / 겸손할 **손**

- **뜻** 말이나 행동이 **겸손하고 예의 바름**.
- **쓰임** 공손한 말씨

### 나는 상 품 을 받아서 기쁘지만 친구는 받지 못해서 안타깝습니다.

**賞品**
상줄 **상** / 물건 **품**

- **뜻** 상으로 주는 **물품**
- **쓰임** 우승 상품

---

**생활 쏙쏙** 밑줄 친 한자어의 음(소리)을 쓰세요.

(1) 씨름 대회 우승자가 <u>賞品</u>(　　　)으로 황소를 받았습니다.

(2) 식물을 특징에 따라 분류하면 식물을 더 잘 <u>理解</u>(　　　)할 수 있습니다.

**퀴즈 띵똥** 밑줄 친 낱말을 한자로 바르게 표기한 것을 고르세요.

> 공손한 태도로 선생님께 인사합니다.

① 恭遜　　② 理解　　③ 賞品　　④ 標語

# 41 사회 교과서 한자어

조상들은 부모님께 **효도** 하는 것을 중요하게 여겼습니다.

**孝道**
효도 효 / 길 도

- 뜻 부모를 잘 섬기는 도리
- '道'는 '도리'라는 뜻이 있음.

형제자매 간에 서로 양보하고 **우애** 있게 지냅니다.

**友愛**
벗 우 / 사랑 애

- 뜻 형제간 또는 친구 간의 사랑이나 정분
- 쓰임 우애로운 형제

**화목** 한 가정을 만들려면 서로 배려하고 협력합니다.

**和睦**
화할, 화목할 화 / 화목할 목

- 뜻 서로 뜻이 맞고 정다움.
- 쓰임 화목한 가족

### 생활 쏙쏙 밑줄 친 한자어의 음(소리)을 쓰세요.

(1) 부모님의 마음을 편하게 해 드리는 것이 孝道(　　　)입니다.

(2) 가정이 和睦(　　　)하면 모든 일이 잘 이루어집니다.

### 퀴즈 띵똥 한자어를 바르게 읽은 것을 찾아 ○표 하세요.

(1) 友愛 ➡ 우정　우애

(2) 和睦 ➡ 효도　화목

사람들이 정치에 **무관심**해지는 **이유**는 여러 가지가 있습니다.

**無關心**
없을 무 / 관계할 관 / 마음 심

> 뜻 관심이나 흥미가 없음.

**理由**
다스릴 리 / 말미암을 유

> 뜻 어떠한 결론이나 결과에 이른 까닭이나 근거

마젤란의 세계 **일주**로 지구의 모양을 알 수 있었습니다.

**一周**
한 일 / 두루 주

> 뜻 일정한 경로를 한 바퀴 돎.
> 쓰임 세계 일주

### 생활 쏙쏙 : 밑줄 친 한자어의 음(소리)을 쓰세요.

(1) 그는 자신의 일 외에는 도통 無關心(　　　)합니다.
(2) 동생이 화가 난 理由(　　　)를 도무지 알 수 없었습니다.

### 퀴즈 띵동 : 빈칸에 공통으로 들어갈 한자어로 알맞은 것을 고르세요.

전국 ○○　　세계 ○○　　지리산 ○○

① 一周　② 理由　③ 孝道　④ 友愛

# 42 도덕 교과서 한자어

우리가 정한 학급 규칙을 꾸준히 실 천 합니다.

## 實踐
열매 실 / 밟을 천

- 뜻 생각한 것을 **실제로 행함**.
- '實'은 '실제'라는 뜻이 있고, '踐'은 '실행하다'라는 뜻이 있음.

검 소 한 생활을 통해 모은 전 재산을 기부하였습니다.

## 儉素
검소할 검 / 흴 소

- 뜻 사치하지 않고 꾸밈없이 수수함.
- '素'는 '질박하다(꾸밈없이 수수하다)'라는 뜻이 있음.

**생활 쑥쑥** 밑줄 친 한자어의 음(소리)을 쓰세요.

(1) <u>儉素</u>(　　)하고 청렴한 관리를 청백리라고 합니다.
(2) 지구 온난화를 막기 위해 생활 속에서 작은 것부터 <u>實踐</u>(　　)합시다.

**퀴즈 띵동** 한자어를 바르게 읽은 것을 찾아 선으로 연결하세요.

(1)    ·   　　·

(2)    ·   　　·

## 나의 생활을 되돌아보고 **반성**해야 할 일을 말해 봅시다.

**反省**
돌이킬 반 / 살필 성

- 뜻: 잘못이나 허물이 없었는지 **돌이켜 생각함**.
- 쓰임: 반성문, 자기반성

## 올바른 마음가짐으로 **최선**을 다합니다.

**最善**
가장 최 / 착할 선

- 뜻: 가장 **좋음**. 온 정성과 힘
- '善'은 '좋다', '훌륭하다'라는 뜻이 있음.

### 생활 쏙쏙 — 밑줄 친 한자어의 음(소리)을 쓰세요.

(1) 매일 잠들기 전에 일기를 쓰며 하루를 <u>反省</u>(　　)합니다.

(2) 선수들은 시합이 끝날 때까지 <u>最善</u>(　　)을 다하였습니다.

### 퀴즈 띵똥 — 밑줄 친 낱말을 한자로 바르게 표기한 것을 고르세요.

① 實踐　　② 儉素　　③ 反省　　④ 最善

# 43 와우! 내 실력!

❶ 강아지가 집을 잃어버렸어요. 퍼즐 속의 내용이 맞으면 'O', 틀리면 'x'를 따라가 강아지의 집을 찾아주세요.

| '朗誦'은 '암송'이라고 읽습니다. | '理解'는 '사리를 분별하여 해석함.'이라는 뜻입니다. | '理由'는 '이해'라고 읽습니다. | |
|---|---|---|---|
| '○○한 가족'의 빈칸에 알맞은 한자어는 '標語'입니다. | '平素'는 '평소'라고 읽습니다. | '儉素'는 '사치하지 않고 수수함.'이라는 뜻입니다. | |
| '暗誦'은 '낭송'이라고 읽습니다. | '一周'는 '한 바퀴를 돎.'이라는 뜻입니다. | '最善'은 '최고'라고 읽습니다. | |

**2** [  ] 안에 있는 한자어의 뜻으로 알맞은 것을 고르세요.

(1) [ 孝道 ]　　　　　　　　　　　　　　　　　　　(        )
　① 가장 좋음.
　② 관심이나 흥미가 없음.
　③ 부모를 잘 섬기는 도리
　④ 말이나 행동이 겸손하고 예의 바름.

(2) [ 賞品 ]　　　　　　　　　　　　　　　　　　　(        )
　① 충분히 잘 이용함.
　② 상으로 주는 물품
　③ 생각한 것을 실제로 행함.
　④ 일정한 경로를 한 바퀴 돎.

**3** [  ] 안에 들어갈 한자어로 알맞은 것을 고르세요.

(1) 시험 [   ]가 내일 발표됩니다.　　　　　　　　　(        )
　① 役割　　② 標語　　③ 和睦　　④ 結果
(2) 우리 형제는 [   ]가 좋습니다.　　　　　　　　　(        )
　① 友愛　　② 朗誦　　③ 恭遜　　④ 一周

**4** [  ] 안의 한자어를 한글로 쓰세요.

(1) 문제가 있으면 [ 對話 ]로 해결합시다.　　　　　　(        )
(2) [ 苦悶 ]을 풀어놓고 나니 속이 후련합니다.　　　　(        )
(3) 과거의 잘못을 깊이 [ 反省 ]하였습니다.　　　　　(        )

## 44 수학 교과서 한자어

교과서 한자어는 한자 쓰기 문제가 출제되지 않습니다.

---

### 1 **시 간** 은 60분입니다.

**時間**
때 시 / 사이 간

- 뜻: 어떤 **시각**에서 어떤 **시각**까지의 **사이**
  - '시각'은 '시간의 어느 한 시점'을 뜻함.
- 쓰임: 취침 시간, 약속 시간

---

### 두 수를 더해 **계 산** 해 봅시다.

**計算**
셀 계 / 셈 산

- 뜻: 수량을 셈. 수를 헤아림.
- 쓰임: 계산식, 계산에 밝다, 계산이 빠르다

---

### 어떻게 구하면 되는지 **식** 을 써 봅시다.

**式**
법 식

- 뜻: 숫자, 문자, 기호를 써서 이들 사이의 수학적 관계를 나타낸 것
- 쓰임: 등식, 부등식

---

🌱 **생활 쏙쏙** 밑줄 친 한자어의 음(소리)을 쓰세요.

(1) 체육 <u>時間</u>(　　)에 운동장 세 바퀴를 돌았습니다.

(2) 비례식은 두 개의 비가 같음을 나타내는 <u>式</u>(　　)입니다.

🔔 **퀴즈 띵똥** 다음 뜻이 설명하는 한자어로 알맞은 것에 ○표 하세요.

| 수량을 셈. 수를 헤아림. | 時間 | 計算 |

## 분모가 같은 의 합과 차를 구해 봅시다.

**分數** 나눌 분 / 셈 수

- 뜻: 정수 a를 0이 아닌 정수 b로 나눈 몫을 $\frac{a}{b}$로 표시한 것
  > '정수'는 '0보다 큰 수'를 뜻함.
- 쓰임: 대분수, 가분수

**合** 합할 합

- 뜻: ① 여럿을 한데 모음. 또는 그 수
  ② (수학에서) 둘 이상의 수나 식을 더함. 또는 그렇게 얻은 값

**差** 어긋날 차

- 뜻: ① 둘 이상의 사물을 견주었을 때, 서로 다르게 나타나는 수준이나 정도
  ② (수학에서) 어떤 수나 식에서 다른 수나 식을 뺀 나머지
- 쓰임: 실력 차, 견해 차, 세대 차

### 생활 쏙쏙 　밑줄 친 한자어의 음(소리)을 쓰세요.

(1) 케이크 5조각 중 동생 몫을 <u>分數</u>(　　　)로 알려 주었습니다.
(2) 가족이 힘을 <u>合</u>(　　)쳐 고난을 극복하였습니다.

### 퀴즈 띵똥 　빈칸에 들어갈 한자어로 알맞은 것을 고르세요.

우리는 대화를 통해 견해의 ○를 줄일 수 있었습니다.

① 式　　② 差　　③ 合　　④ 分

# 45 수학 교과서 한자어

**도 형**을 이루는 각각의 선분을 **변**이라고 합니다.

### 圖形
그림 도 / 모양 형

- 뜻: 그림의 모양이나 형태
- 쓰임: 도형의 종류

### 邊
가 변

- 뜻: ① 물체나 장소 따위의 가장자리
  ② (수학에서) 다각형을 이루는 각 선분
- 쓰임: 한 변의 길이, 도로변

**두 변이 만나는 점**을 꼭짓점이라고 합니다.

### 點
점 점

- 뜻: ① 작고 둥글게 찍은 표
  ② 모든 도형의 궁극적 구성 요소인 가장 단순한 도형으로 위치만 있고 크기가 없는 것
- 쓰임: 작은 점, 영 점, 좋은 점

---

**생활 쑥쑥** 밑줄 친 한자어의 음(소리)을 쓰세요.

(1) 여러 가지 圖形(　　　)을 그려 보았습니다.
(2) 點(　　　), 선, 면은 도형의 기본 요소입니다.

**퀴즈 띵똥** 밑줄 친 한자어를 바르게 읽은 것을 고르세요.

공원 邊에 해바라기가 피었습니다.

① 변　　② 점　　③ 터　　④ 가

## 모눈종이의 가로선과 세로선은 서로 수직 입니다.

**垂直**
드리울 수 / 곧을 직

- 뜻 ① 똑바로 드리우는 상태
  ② (수학에서) 직선과 직선, 직선과 평면, 평면과 평면이 서로 만나 직각을 이루는 상태

## 평행선 사이의 거리 를 재어 봅시다.

**距離**
떨어질 거 / 떠날 리

- 뜻 두 개의 물건이나 장소 따위가 공간적으로 떨어진 길이
- '離'는 '떨어지다'라는 뜻이 있음.
- 쓰임 거리가 가깝다, 거리가 멀다

## 이등변삼각형은 두 변의 길이와 두 각 의 크기가 같습니다.

**角**
뿔 각

- 뜻 면과 면이 만나 이루어지는 모서리
- 쓰임 삼각, 사각

### 생활 쏙쏙  밑줄 친 한자어의 음(소리)을 쓰세요.

(1) 핸드폰이 땅을 향해 <u>垂直</u>(　　)으로 떨어졌습니다.

(2) 그는 <u>角</u>(　　)진 얼굴에 어울리게 머리를 잘랐습니다.

### 퀴즈 띵동  밑줄 친 낱말을 한자로 바르게 표기한 것을 고르세요.

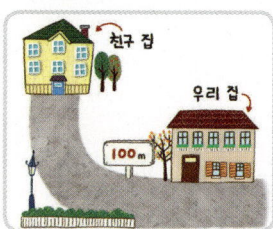

우리 집에서 친구 집까지의 <u>거리</u>는 100미터입니다.

① 圖形　　② 距離　　③ 計算　　④ 時間

# 46 수학 교과서 한자어

## 계산하는 순서 를 말해 봅시다.

**順序** 순할 순 / 차례 서

- 뜻: 정해진 **차례**. 무슨 일을 행하거나 무슨 일이 이루어지는 **차례**
- '順'은 '차례'라는 뜻이 있음.

## 사각형 조각으로 규칙적인 배열 을 만들어 봅시다.

**配列** 짝 배 / 벌일 렬

- 뜻: 일정한 차례나 간격에 따라 벌여 놓음.
- '列'이 모음 뒤에 올 때는 '열'로 읽음.

## $\frac{9}{4} \div 2$를 계산하는 방법 을 알아봅시다.

**方法** 모 방 / 법 법

- 뜻: 어떤 일을 해 나가거나 목적을 이루기 위해 취하는 **수단**이나 **방식**
- '方'은 '법', '방법'이라는 뜻이 있음.

---

**생활 쏙쏙** 밑줄 친 한자어의 음(소리)을 쓰세요.

(1) 크기 <u>順序</u>(　　　) 대로 물건을 <u>配列</u>(　　　)하였습니다.

(2) 소화기 사용 <u>方法</u>(　　　)을 알면 큰 불로 인한 피해를 막을 수 있습니다.

**퀴즈 띵똥** 다음 뜻이 설명하는 한자어로 알맞은 것에 ○표 하세요.

일정한 차례나 간격에 따라 벌여 놓음.　　　方法　　配列

> 정답 및 해설은 152쪽

📅 _____월 _____일

## 입체 도형을 보고 차이 점과 공통 점을 써 봅시다.

**差異**
어긋날 차 / 다를 이

- 뜻: 서로 같지 아니하고 **다름**.
- 쓰임: 성격 차이, 세대 차이

**共通**
함께 공 / 통할 통

- 뜻: 둘 또는 그 이상의 여럿 사이에 **두루 통하고 관계됨**.

## 물건들의 모양을 분류 해 봅시다.

**分類**
나눌 분 / 무리 류

- 뜻: **종류**에 따라서 **가름**.
- 쓰임: 분류 기준, 분류 방법, 도서 분류

### 🌱 생활 쏙쏙  밑줄 친 한자어의 음(소리)을 쓰세요.

(1) 선생님은 학생들에게 <u>共通</u>(          ) 과제를 내 주셨습니다.
(2) 6급 한자를 주제별로 <u>分類</u>(          )하였습니다.

### 🔔 퀴즈 띵똥  빈칸에 공통으로 들어갈 한자어로 알맞은 것을 고르세요.

나이 ○○     신장 ○○     실력 ○○

① 垂直     ② 圖形     ③ 差異     ④ 方法

# 47 수학 교과서 한자어

## 주변에서 삿갓 모양과 같은 모양을 찾아봅시다.

**周邊**
두루 주 / 가 변

- 뜻: 어떤 대상의 **둘레**
- 쓰임: 주변 환경, 주변 상황
- '邊'의 뜻인 '가'는 '경계에 가까운 바깥쪽 부분'이라는 뜻임.

## 원뿔에서 굽은 면을 찾아보고 그 특징을 이야기해 봅시다.

**特徵**
다를 특 / 부를 징

- 뜻: 다른 것에 비하여 **특별히** 눈에 뜨이는 **점**
- '徵'은 '조짐', '현상'이라는 뜻이 있음.
- 쓰임: 특징을 보이다, 특징을 찾다

## 중심에서 구의 표면의 한 점을 잇는 선분을 반지름이라고 합니다.

**半**
절반 반

- 뜻: 둘로 똑같이 나눈 것의 한 부분
- 쓰임: 한 달 반, 한 시간 반

---

 **생활 쏙쏙** 밑줄 친 한자어의 음(소리)을 쓰세요.

(1) 집 周邊(　　)에 개나리가 활짝 피었습니다.
(2) 고소한 맛이 特徵(　　)인 두부를 半(　　)으로 잘랐습니다.

**퀴즈 띵똥** 한자어를 바르게 읽은 것을 찾아 ○표 하세요.

(1) 特徵 ➡ 특징 / 특장
(2) 半 ➡ 절 / 반

📅 _____월 _____일

나무 종류 별로 산림의 넓이를 조사하여 나타낸 표 입니다.

**種類**
씨 종 / 무리 류

- 뜻 사물의 부문을 나누는 갈래
- 쓰임 종류가 같다, 종류가 다르다

**表**
겉 표

- 뜻 어떤 내용을 일정한 형식과 순서에 따라 보기 쉽게 나타낸 것
- 쓰임 표를 그리다, 표를 만들다

어떤 방법으로 문제 를 해결하면 좋을지 생각해 봅시다.

**問題**
물을 문 / 제목 제

- 뜻 해답을 요구하는 물음
- '題'는 '물음'이라는 뜻이 있음.
- 쓰임 환경 오염 문제, 연습 문제

🌱 **생활 쏙쏙** 밑줄 친 한자어의 음(소리)을 쓰세요.

(1) 가격 表(     )를 확인하고 장난감 값을 냈습니다.
(2) 시험 問題(     )가 지난번보다 쉽게 나왔습니다.

🔔 **퀴즈 띵똥** 밑줄 친 낱말을 한자로 바르게 표기한 것을 고르세요.

오늘 급식에는 여러 종류의 맛있는 반찬이 나왔습니다.

① 周邊  ② 特徵  ③ 問題  ④ 種類

## 48 와우! 내 실력!

**1** 세 명의 학생이 '도전 골든벨' 퀴즈에 도전하고 있어요. 빈칸에 들어갈 한자어의 음(소리)을 바르게 써 보세요.

도전! 골든벨 問題 ☐☐!

分數 ☐☐ $\frac{1}{4}$과 $\frac{3}{4}$을 合 ☐ 한 값과

2와 1을 合 ☐ 한 값의 差 ☐ 를

計算 ☐☐ 하면?

−2   0   1

❷ [　] 안에 있는 한자어의 뜻으로 알맞은 것을 고르세요.

(1) [ 特徵 ]　　　　　　　　　　　　　　　　　　　(　　)
　① 어떤 대상의 둘레
　② 둘로 똑같이 나눈 것의 한 부분
　③ 어떤 시각에서 어떤 시각까지의 사이
　④ 다른 것에 비하여 특별히 눈에 뜨이는 점

(2) [ 分類 ]　　　　　　　　　　　　　　　　　　　(　　)
　① 종류에 따라서 가름.
　② 서로 같지 아니하고 다름.
　③ 무슨 일을 행하거나 무슨 일이 이루어지는 차례
　④ 두 개의 물건이나 장소 따위가 공간적으로 떨어진 길이

❸ [　] 안에 들어갈 한자어로 알맞은 것을 고르세요.

(1) 김치의 [　]는 매우 다양합니다.　　　　　　　　(　　)
　① 種類　　② 圖形　　③ 距離　　④ 周邊
(2) 둘 이상의 자연수의 [　]인 약수를 공약수라고 합니다.　(　　)
　① 邊　　　② 半　　　③ 計算　　④ 共通

❹ [　] 안의 한자어를 한글로 쓰세요.

(1) 그림의 [ 順序 ]를 정해 이야기를 꾸몄습니다.　　　(　　)
(2) [ 表 ]는 각각의 수와 합계를 쉽게 알 수 있습니다.　(　　)
(3) 에너지를 절약할 다양한 [ 方法 ]을 생각해 보았습니다.　(　　)

# 49 과학 교과서 한자어

교과서 한자어는 한자 쓰기 문제가 출제되지 않습니다.

---

### 물질의 모양, 성질이 바뀌는 것을 화 학 적 변화라고 합니다.

**化學**
될, 변화할 화 / 배울 학

- 뜻: 자연 과학의 한 분야. 물질의 조성과 구조, 성질 및 **변화**, 응용 따위를 **연구함**.
- 쓰임: 생물 화학, 물리 화학

### 과학자처럼 관 찰 해 볼까요?

**觀察**
볼 관 / 살필 찰

- 뜻: 사물이나 현상을 주의하여 자세히 **살펴봄**.
- 쓰임: 관찰 결과, 관찰 일지

### 지구 모형 위에 지점토를 붙여 산이나 지형을 표 현 합니다.

**表現**
겉 표 / 나타날 현

- 뜻: 생각이나 느낌을 언어나 몸짓 등으로 **드러내어 나타냄**.
- 쓰임: 표현 방법, 표현 효과, 예술적 표현

---

**생활 쏙쏙** 밑줄 친 한자어의 음(소리)을 쓰세요.

(1) 누나 책상 위에 놓인 <u>化學</u>(　　) 교과서를 살펴보았습니다.
(2) 나의 느낌을 그림으로 <u>表現</u>(　　)하였습니다.

**퀴즈 띵똥** 빈칸에 공통으로 들어갈 한자어로 알맞은 것을 고르세요.

자연 ○○    실험 ○○    ○○ 일지

① 區間    ② 化學    ③ 觀察    ④ 表現

📅 _____월 _____일

**물체**가 정해진 **구간**을 통과하는 데 걸린 시간을 측정합니다.

### 物體
물건 물 / 몸 체

- 뜻: **물건**의 **형체**. 구체적인 형태를 가지고 있는 것
- 쓰임: 물체 이동, 미확인 물체

### 區間
나눌 구 / 사이 간

- 뜻: 어떤 지점과 다른 지점과의 **사이**
- 쓰임: 공사 구간, 구간 거리, 구간 요금

증발 장치를 **이용**하여 물과 소금을 분리할 수 있습니다.

### 利用
이로울 리 / 쓸 용

- 뜻: 무엇을 필요에 따라 **이롭게 씀**.
- ▶ '利'가 한자어의 맨 앞에 올 때는 '이'로 읽음.
- 쓰임: 이용 가치, 폐품 이용

---

🌱 **생활 쏙쏙** 밑줄 친 한자어의 음(소리)을 쓰세요.

(1) 버스가 공사 <u>區間</u>(　　　)을 지나며 마구 흔들렸습니다.

(2) 바람을 <u>利用</u>(　　　)해서 전기를 만들기도 합니다.

🔔 **퀴즈 띵똥** 밑줄 친 한자어를 바르게 읽은 것을 고르세요.

지레를 이용해서 무거운 <u>物體</u>를 들었습니다.

① 화학　　② 구간　　③ 물체　　④ 이용

# 50 과학 교과서 한자어

물과 식용유의 **혼 합 물**을 **분 리**하는 **실 험**을 해 봅시다.

## 混合物
섞을 **혼** / 합할 **합** / 물건 **물**

- 뜻 ① 여러 가지가 **뒤섞여서** 이루어진 **물건**
  ② (화학에서) 두 가지 이상의 물질이 각각의 성질을 지니면서 서로 화학적 결합을 하지 아니하고 **뒤섞인 물질**

## 分離
나눌 **분** / 떠날 **리**

- 뜻 서로 나뉘어 떨어짐.
- 쓰임 분리수거, 분리배출

## 實驗
열매 **실** / 시험 **험**

- 뜻 **실제로** 경험하거나 **시험함**.
- 쓰임 화학 실험, 실험 도구

---

### 생활 쏙쏙 밑줄 친 한자어의 음(소리)을 쓰세요.

(1) 쓰레기를 종류별로 <u>分離</u>(　　　)하여 버렸습니다.

(2) 찰흙을 이용해서 화산 폭발 <u>實驗</u>(　　　)을 해 보았습니다.

### 퀴즈 띵똥 밑줄 친 낱말을 한자로 바르게 표기한 것을 고르세요.

오곡밥은 콩, 팥, 기장, 수수, 찹쌀이 섞인 <u>혼합</u>물입니다.

① 加熱　　② 分離　　③ 實驗　　④ 混合

## 뜨거운 물이나 **가열** 중인 실험 **기구**에 화상을 입지 않도록 주의합니다.

**加熱**
더할 가 / 더울 열

- 뜻: 어떤 물질에 **열**을 가함.
- 쓰임: 가열 온도

**器具**
그릇 기 / 갖출 구

- 뜻: 세간, 도구, 기계 따위를 통틀어 이르는 말
- 쓰임: 조리 기구, 실험 기구

## 물을 계속 끓여도 물의 **온도**는 일정하게 유지됩니다.

**溫度**
따뜻할 온 / 법도 도

- 뜻: 따뜻함과 차가움의 정도
- 쓰임: 실내 온도, 바깥 온도, 온도 상승

### 생활 쏙쏙  밑줄 친 한자어의 음(소리)을 쓰세요.

(1) 계란을 충분히 <u>加熱</u>(　　　)하여 먹었습니다.
(2) 주방 <u>器具</u>(　　　)를 사용하기 편리하도록 배치하였습니다.

### 퀴즈 띵똥  다음 뜻이 설명하는 한자어로 알맞은 것에 ○표 하세요.

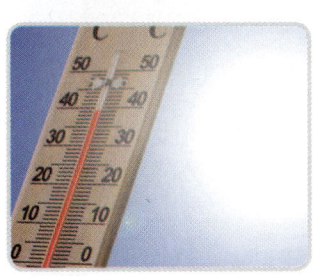

따뜻함과 차가움의 정도

加熱　　溫度　　器具　　分離

# 51 과학 교과서 한자어

지진에 **안전**한 건물 모형을 설계하고 만들어 봅시다.

**安全**
편안할 **안** / 온전할 **전**

- 뜻: 위험이 생기거나 사고가 날 염려가 없음.
- 쓰임: 안전 관리, 안전 수칙, 안전 교육

탐사 로봇을 보내어 행성에 직접 **착륙**하여 조사합니다.

**着陸**
붙을 **착** / 뭍 **륙**

- 뜻: 비행기 따위가 공중에서 활주로나 판판한 곳에 내림.
- 쓰임: 달 착륙, 착륙 시도, 착륙 성공

### 생활 쏙쏙 — 밑줄 친 한자어의 음(소리)을 쓰세요.

(1) 우리는 여행을 마치고 <u>安全</u>(　　　)하게 집으로 돌아왔습니다.

(2) 승무원은 비행기가 <u>着陸</u>(　　　)하기 전에 승객을 깨웠습니다.

### 퀴즈 띵똥 — 단어 카드에서 밑줄 친 한자어를 바르게 읽어 보세요.

(1)
(　　　)

(2)
(　　　)

## 평가 카드를 사용하여 탐구 계획이 적절한지 평가하여 봅시다.

**評價** 평론할 평 / 값 가

- 뜻: 물건값을 헤아려 매김. 사물의 가치나 수준 따위를 평함.
- '評'은 좋고 나쁨, 잘하고 못함, 옳고 그름 따위를 '평가하다'라는 뜻이 있음.

## 전자석을 이용한 발명품을 설계해 봅시다.

**發明** 필 발 / 밝을 명

- 뜻: 아직까지 없던 기술이나 물건을 새로 생각하여 만들어 냄.
- 쓰임: 증기 기관의 발명, 금속 활자의 발명

### 생활 쏙쏙 밑줄 친 한자어의 음(소리)을 쓰세요.

(1) 나는 지구를 깨끗하게 만들어 주는 기계를 發明(　　)하고 싶습니다.
(2) 형이 이번 수학 경시대회에서 좋은 評價(　　)를 받았습니다.

### 퀴즈 띵똥 빈칸에 공통으로 들어갈 한자어로 알맞은 것을 고르세요.

- 토머스 앨바 에디슨(Thomas Alva Edison)은 1879년에 백열전구를 ○○하였습니다.
- 우리나라는 고려 시대 때 세계 최초로 금속 활자를 ○○하였습니다.

安全　　着陸　　評價　　發明

## 52 와우! 내 실력!

**1** 빈칸에 들어갈 알맞은 한자어의 음(소리)을 써 보세요.

내일은 (1)發明 □□ 왕!

(2) 觀察 □□
(3) 加熱 □□
(4) 器具 □□
(5) 溫度 □□
(6) 實驗 □□

**2** [　] 안에 있는 한자어의 뜻으로 알맞은 것을 고르세요.

(1) [ 利用 ]　　　　　　　　　　　　　　　　　　　　(　　　)
　① 서로 나뉘어 떨어짐.
　② 어떤 물질에 열을 가함.
　③ 무엇을 필요에 따라 이롭게 씀.
　④ 여러 가지가 뒤섞여서 이루어진 물건

(2) [ 安全 ]　　　　　　　　　　　　　　　　　　　　(　　　)
　① 따뜻함과 차가움의 정도
　② 위험이 생기거나 사고가 날 염려가 없음.
　③ 비행기 따위가 공중에서 활주로나 판판한 곳에 내림.
　④ 아직까지 없던 기술이나 물건을 새로 생각하여 만들어 냄.

**3** [　] 안에 들어갈 한자어로 알맞은 것을 고르세요.

(1) 런던에서 출발한 비행기가 인천 공항에 [　]하였습니다.　(　　　)
　① 利用　② 物體　③ 着陸　④ 評價
(2) 오빠는 음식 맛 [　]을 감각적으로 잘합니다.　　　　　(　　　)
　① 區間　② 表現　③ 化學　④ 混合物

**4** [　] 안의 한자어를 한글로 쓰세요.

(1) 가림막으로 공간을 [ 分離 ]하였습니다.　　　　　　　(　　　)
(2) 철로 만들어진 [ 物體 ]는 자석에 잘 붙습니다.　　　　(　　　)
(3) 선생님은 학생들의 노래 실력을 [ 評價 ]하였습니다.　(　　　)

## 룰루랄라♪ 교과서 한자어

한 박자 쉬고

교과서 한자어 동요를 들으며 빈칸에 알맞은 한자어의 독음(소리)을 쓰세요.

1. 큰 소리로 朗誦 ☐☐   보지 않고 暗誦 ☐☐
   마주 보며 對話 ☐☐   충분히 活用 ☐☐
   열매 맺어 結果 ☐☐   해야 할 일 役割 ☐☐
   마음속 苦悶 ☐☐   내 주장 標語 ☐☐
   보통 때 平素 ☐☐   깨달아 理解 ☐☐
   예의 차려 恭遜 ☐☐   우승 賞品 ☐☐

2. 부모님께 孝道 ☐☐   형제끼리 友愛 ☐☐
   서로 뜻이 맞는 和睦 ☐☐ 한 가족
   흥미 없어 無關心 ☐☐☐   일의 까닭 理由 ☐☐
   두루 돌아 一周 ☐☐   규칙을 實踐 ☐☐
   꾸밈없이 儉素 ☐☐   돌이켜 反省 ☐☐
   올바른 마음으로 언제나 最善 ☐☐

3. 똑딱똑딱 時間 ☐☐  수를 세는 計算 ☐☐
   숫자와 기호로 나타내는 式 ☐
   셈 나눠 分數 ☐☐  덧셈 뺄셈 合 ☐, 差 ☐
   그림 모양 圖形 ☐☐  가장자리 邊 ☐
   작고 작은 둥근 點 ☐  90° 垂直 ☐☐
   떨어진 距離 ☐☐  모서리는 角 ☐

4. 차례차례 順序 ☐☐  벌여 놓은 配列 ☐☐
   수단과 方法 ☐☐  다른 것 差異 ☐☐
   두루 통해 共通 ☐☐  종류 따라 分類 ☐☐
   둘러싼 周邊 ☐☐  특별한 特徵 ☐☐
   똑같이 나눈 半 ☐  끼리끼리 種類 ☐☐
   보기 좋게 表 ☐  어려운 問題 ☐☐

5. 化學 ☐☐  변화 觀察 ☐☐  자유롭게 表現 ☐☐
   물건 형체 物體 ☐☐  사이는 區間 ☐☐
   이롭게 써 利用 ☐☐  混合物 ☐☐☐ 을 分離 ☐☐
   實驗 ☐☐ 해요  加熱 ☐☐  도구는 器具 ☐☐
   따뜻한 溫度 ☐☐  安全 ☐☐ 하게 着陸 ☐☐
   가치를 評價 ☐☐  새롭게 發明 ☐☐

→ 정답은 114쪽

# 룰루랄라♪ 교과서 한자어 정답

1. 朗誦 낭송　暗誦 암송　對話 대화　活用 활용
   結果 결과　役割 역할　苦悶 고민　標語 표어
   平素 평소　理解 이해　恭遜 공손　賞品 상품

2. 孝道 효도　友愛 우애　和睦 화목
   無關心 무관심　理由 이유　一周 일주　實踐 실천
   儉素 검소　反省 반성　最善 최선

3. 時間 시간　計算 계산　式 식
   分數 분수　合 합　差 차　圖形 도형　邊 변
   點 점　垂直 수직　距離 거리　角 각

4. 順序 순서　配列 배열　方法 방법　差異 차이
   共通 공통　分類 분류　周邊 주변　特徵 특징
   半 반　種類 종류　表 표　問題 문제

5. 化學 화학　觀察 관찰　表現 표현　物體 물체　區間 구간
   利用 이용　混合物 혼합물　分離 분리　實驗 실험　加熱 가열　器具 기구
   溫度 온도　安全 안전　着陸 착륙　評價 평가　發明 발명

**6급**
실전 문제로 시험에 완벽하게 대비해요

# 실력
# 띵 똥 땡

- 제1~10회 기출 및 예상 문제
- 최종 모의시험 안내 및 문제

# 53 제1회 기출 및 예상 문제

📅 _____ 월 _____ 일

**객관식 (1~30번)**

👍 [ ] 안의 한자의 음(소리)으로 알맞은 것은?

1. [女] ①녀 ②강 ③월 ④일
2. [西] ①사 ②외 ③자 ④서
3. [夫] ①천 ②정 ③목 ④부
4. [小] ①수 ②서 ③소 ④이
5. [主] ①청 ②왕 ③주 ④동

👍 [ ] 안의 한자와 음이 같은 한자는?

6. [九] ①白 ②立 ③口 ④同
7. [南] ①男 ②名 ③四 ④母
8. [子] ①目 ②生 ③八 ④自

👍 [ ] 안의 한자와 뜻이 반대되거나 상대되는 한자는?

9. [入] ①出 ②兄 ③川 ④土
10. [外] ①內 ②千 ③中 ④靑

👍 보기 의 단어들과 관련이 깊은 한자는?

11. 보기: 설악산  지리산  한라산
    ①下 ②山 ③向 ④寸

12. 보기: 손가락  장갑  박수
    ①手 ②水 ③弟 ④金

13. 보기: 화산  모닥불  소방차
    ①北 ②火 ③父 ④江

👍 [ ] 안의 설명에 맞는 한자어를 완성할 때, ○에 들어갈 한자는?

14. 人○: [사람의 마음]
    ①月 ②心 ③年 ④工

15. ○西: [동쪽과 서쪽]
    ①文 ②足 ③夕 ④東

👍 [ ] 안의 한자어의 독음(소리)으로 알맞은 것은?

16. 불조심을 주제로 [標語]를 만들었습니다.
    ①표어 ②표시 ③언어 ④부호

17. 달리기 대회의 1등 [賞品]은 공책입니다.
    ①상장 ②상금 ③상품 ④물품

18. 누구에게도 말 못할 [苦悶]이 생겼습니다.
    ①고통 ②고문 ③고심 ④고민

19. 집에서 공원까지는 10분 [距離]입니다.
    ①거리 ②구간 ③도로 ④주변

20. 곱셈을 [活用]하여 문제를 풀어 봅시다.
    ①관찰 ②활용 ③이용 ④선택

👍 [ ] 안의 한자어의 뜻으로 알맞은 것은?

21. [加熱]
    ① 열을 가함.
    ② 수를 헤아림.
    ③ 상으로 주는 물품
    ④ 말이나 행동이 겸손하고 예의 바름.

22. [圖形]
    ① 해답을 요구하는 물음
    ② 그림의 모양이나 형태
    ③ 물체나 장소 따위의 가장자리
    ④ 둘로 똑같이 나눈 것의 한 부분

**23.** [孝道]
① 가장 좋음.
② 드러내어 나타냄.
③ 충분히 잘 이용함.
④ 부모를 잘 섬기는 도리

**24.** [理解]
① 여럿을 한데 모음.
② 사리를 분별하여 해석함.
③ 일정한 경로를 한 바퀴 돎.
④ 특별한 일이 없는 보통 때

**25.** [溫度]
① 서로 나뉘어 떨어짐.
② 따뜻함과 차가움의 정도
③ 실제로 경험하거나 시험함.
④ 글을 보지 아니하고 입으로 욈.

👉 [ ] 안에 들어갈 한자어로 알맞은 것은?

**26.** 에디슨은 전구를 [ ]하였습니다.
① 式  ② 發明  ③ 役割  ④ 友愛

**27.** 친구는 화가 난 [ ]를 말해 주지 않았습니다.
① 分數  ② 配列  ③ 垂直  ④ 理由

**28.** 동생과 빵을 [ ]씩 나누어 먹었습니다.
① 半  ② 邊  ③ 合  ④ 表

**29.** 물과 모래의 [ ]을 분리하였습니다.
① 角  ② 着陸  ③ 混合物  ④ 評價

**30.** 부모님은 사치하지 않고 [ ]하십니다.
① 儉素  ② 器具  ③ 朗誦  ④ 問題

**주관식 (31~80번)**

👉 한자의 훈(뜻)과 음(소리)을 한글로 쓰시오.

**31.** 六 ( )
**32.** 目 ( )
**33.** 江 ( )
**34.** 四 ( )
**35.** 足 ( )
**36.** 七 ( )
**37.** 三 ( )
**38.** 門 ( )
**39.** 九 ( )
**40.** 工 ( )

👉 [ ] 안의 뜻을 가진 한자를 보기에서 찾아 쓰시오.

**보기** 青 夕 天 人 十 中 金 入 正 子

**41.** [쇠]로 이루어진 물체는 자석에 붙습니다.
( )

**42.** 이른 [저녁]부터 잠이 쏟아졌습니다.
( )

**43.** [바른] 자세로 앉아 책을 읽었습니다.
( )

**44.** [푸른] 산을 보니 마음이 편안합니다.
( )

**45.** 책상 [가운데]에 책이 한 권 놓여 있습니다.
( )

**46.** [사람]마다 취향이 다릅니다.
( )

**47.** [열] 손가락 깨물어 안 아픈 손가락이 없습니다.
( )

**48.** 아버지는 [아들]의 든든한 지원군이 되어 주었습니다. ( )

**49.** 문을 열고 [들어가니] 강아지가 나를 반겨 주었습니다. ( )

**50.** 가을 [하늘]이 푸르릅니다. ( )

### 제1회 기출 및 예상 문제

정답 및 해설은 153쪽

👍 훈(뜻)과 음(소리)에 맞는 한자를 보기 에서 찾아 쓰시오.

**보기**: 立 二 千 外 白 土 一 川 寸 八

51. 설   립 (　　　)
52. 한   일 (　　　)
53. 흙   토 (　　　)
54. 내   천 (　　　)
55. 두   이 (　　　)
56. 흰   백 (　　　)
57. 바깥 외 (　　　)
58. 여덟 팔 (　　　)
59. 마디 촌 (　　　)
60. 일천 천 (　　　)

👍 한자어의 독음(소리)을 한글로 쓰시오.

61. 木石 (　　　)
62. 名文 (　　　)
63. 出生 (　　　)
64. 上下 (　　　)
65. 五日 (　　　)
66. 南北 (　　　)
67. 百方 (　　　)
68. 水力 (　　　)
69. 少年 (　　　)
70. 三寸 (　　　)

👍 [가로 열쇠]와 [세로 열쇠]를 참고하여 빈칸에 공통으로 들어갈 한자를 쓰시오.

71. | 下 | 세로 열쇠 | 아래로 향함. |
    |---|---|---|
    | 上 | 가로 열쇠 | 실력, 수준, 기술 따위가 나아짐. |

72. | 女 | 세로 열쇠 | 여자 임금 |
    |---|---|---|
    | 子 | 가로 열쇠 | 임금의 아들 |

73. | 日 | 세로 열쇠 | 달빛이 비치는 아래 |
    |---|---|---|
    | 下 | 가로 열쇠 | 해와 달 |

👍 [ ] 안의 단어를 한자로 쓰시오.

74. 두 사람은 [ 형제 ]처럼 꼭 닮았습니다.
    (　　　)
75. 나는 주말마다 [ 부모 ]님과 산에 갑니다.
    (　　　)

👍 [ ] 안의 한자어를 한글로 쓰시오.

76. 내일이면 시험 [ 結果 ]가 발표됩니다.
    (　　　)
77. 어두워서 [ 物體 ]를 알아볼 수 없었습니다.
    (　　　)
78. 설명서를 보며 작동 [ 方法 ]을 익혔습니다.
    (　　　)
79. 나는 [ 平素 ]에 청바지를 즐겨 입습니다.
    (　　　)
80. [ 周邊 ]을 돌아보니 아무도 없었습니다.
    (　　　)

# 54 제2회 기출 및 예상 문제

📅 _____ 월 _____ 일

### 객관식 (1~30번)

👍 [ ] 안의 한자의 음(소리)으로 알맞은 것은?

1. [向]  ① 목  ② 향  ③ 립  ④ 동
2. [山]  ① 출  ② 입  ③ 산  ④ 금
3. [下]  ① 상  ② 중  ③ 방  ④ 하
4. [年]  ① 일  ② 청  ③ 족  ④ 년
5. [七]  ① 칠  ② 십  ③ 오  ④ 구

👍 [ ] 안의 한자와 음이 같은 한자는?

6. [東]  ① 木  ② 名  ③ 白  ④ 同
7. [文]  ① 江  ② 門  ③ 月  ④ 生
8. [千]  ① 川  ② 十  ③ 工  ④ 力

👍 [ ] 안의 한자와 뜻이 반대되거나 상대되는 한자는?

9. [水]  ① 火  ② 外  ③ 五  ④ 八
10. [弟]  ① 寸  ② 天  ③ 兄  ④ 二

👍 보기 의 단어들과 관련이 깊은 한자는?

11. 보기: 안경  눈곱  눈동자
    ① 北  ② 靑  ③ 目  ④ 西

12. 보기: 초승달  달맞이  보름달
    ① 自  ② 月  ③ 男  ④ 門

13. 보기: 왕관  궁궐  세종 대왕
    ① 土  ② 子  ③ 小  ④ 王

👍 [ ] 안의 설명에 맞는 한자어를 완성할 때, ○에 들어갈 한자는?

14. 木○: [ 나무와 돌 ]
    ① 石  ② 江  ③ 同  ④ 母

15. 少○: [ 나이가 어린 여자아이 ]
    ① 一  ② 女  ③ 夕  ④ 立

👍 [ ] 안의 한자어의 독음(소리)으로 알맞은 것은?

16. 문제를 [對話]로 해결하였습니다.
    ① 전화  ② 통화  ③ 대필  ④ 대화

17. 친구와 다툰 일을 [反省]하였습니다.
    ① 반목  ② 반성  ③ 후회  ④ 상심

18. 물은 산소와 수소로 [分離]됩니다.
    ① 분별  ② 분리  ③ 분수  ④ 분류

19. 10과 4의 [差]를 구해 봅시다.
    ① 모  ② 수  ③ 차  ④ 구

20. 비행기가 활주로에 [着陸]하였습니다.
    ① 착륙  ② 연착  ③ 도착  ④ 착복

👍 [ ] 안의 한자어의 뜻으로 알맞은 것은?

21. [實踐]
    ① 상으로 주는 물품
    ② 종류에 따라서 가름.
    ③ 생각한 것을 실제로 행함.
    ④ 어떤 시각에서 어떤 시각까지의 사이

22. [無關心]
    ① 물건의 형체
    ② 서로 나뉘어 떨어짐.
    ③ 관심이나 흥미가 없음.
    ④ 마음속으로 괴로워하고 애를 태움.

23. [ 區間 ]
   ① 열매를 맺음.
   ② 마주 대하여 이야기를 주고받음.
   ③ 어떤 지점과 다른 지점과의 사이
   ④ 세간, 도구, 기계 따위를 통틀어 이르는 말

24. [ 一周 ]
   ① 서로 다른 정도
   ② 서로 같지 아니하고 다름.
   ③ 일정한 경로를 한 바퀴 돎.
   ④ 어떠한 원리에 이르게 된 까닭

25. [ 和睦 ]
   ① 드러내어 나타냄.
   ② 서로 뜻이 맞고 정다움.
   ③ 여러 가지가 뒤섞여서 이루어진 물건
   ④ 다른 것에 비하여 특별히 눈에 뜨이는 점

👉 [ ] 안에 들어갈 한자어로 알맞은 것은?

26. 친구가 [ ]해 준 시 구절이 감동적입니다.
   ① 朗誦  ② 物體  ③ 役割  ④ 周邊

27. [ ]한 태도로 손님을 맞았습니다.
   ① 分數  ② 發明  ③ 恭遜  ④ 理由

28. 운전 시 앞차와의 [ ] 거리를 유지합시다.
   ① 孝道  ② 圖形  ③ 友愛  ④ 安全

29. 모든 일이 [ ]대로 착착 진행되었습니다.
   ① 暗誦  ② 順序  ③ 加熱  ④ 最善

30. 한국어는 높임말이 발달한 것이 [ ]입니다.
   ① 結果  ② 賞品  ③ 角  ④ 特徵

### 주관식 (31~80번)

👉 한자의 훈(뜻)과 음(소리)을 한글로 쓰시오.

31. 名 (                    )
32. 口 (                    )
33. 金 (                    )
34. 土 (                    )
35. 天 (                    )
36. 寸 (                    )
37. 二 (                    )
38. 正 (                    )
39. 少 (                    )
40. 上 (                    )

👉 [ ] 안의 뜻을 가진 한자를 보기 에서 찾아 쓰시오.

보기: 下 東 白 六 四 西 向 一 九 立

41. [ 네 ] 개의 윷가락을 높이 던졌습니다.
   (            )

42. [ 동쪽 ] 하늘에 먹구름이 잔뜩 끼었습니다.
   (            )

43. 아버지께서 수박 [ 한 ] 통을 사오셨습니다.
   (            )

44. 정상에 올라 산 [ 아래 ]를 굽어보았습니다.
   (            )

45. [ 흰 ] 눈이 펄펄 내립니다.  (            )

46. 야구는 [ 아홉 ] 명이 한 팀을 이룹니다.
   (            )

47. 마당에 [ 서서 ] 밤하늘을 바라보았습니다.
   (            )

48. 풍향계가 [ 서쪽 ]을 가리켰습니다.
   (            )

49. 창문이 남쪽을 [ 향하여 ] 나 있습니다.
   (            )

50. 놀이터에 [ 여섯 ] 살쯤 되어 보이는 아이가 놀고 있습니다.
   (            )

👍 훈(뜻)과 음(소리)에 맞는 한자를 보기 에서 찾아 쓰시오.

보기: 中 青 夕 北 男 入 三 江 南 夫

51. 석      삼 (          )
52. 저녁    석 (          )
53. 북녘    북 (          )
54. 강      강 (          )
55. 남녘    남 (          )
56. 지아비  부 (          )
57. 들      입 (          )
58. 가운데  중 (          )
59. 사내    남 (          )
60. 푸를    청 (          )

👍 한자어의 독음(소리)을 한글로 쓰시오.

61. 手足 (          )
62. 五千 (          )
63. 小心 (          )
64. 木工 (          )
65. 文人 (          )
66. 八十 (          )
67. 父母 (          )
68. 內外 (          )
69. 子弟 (          )
70. 主力 (          )

👍 [가로 열쇠]와 [세로 열쇠]를 참고하여 빈 칸에 공통으로 들어갈 한자를 쓰시오.

71. 入 / 口
   - 세로 열쇠: 밖으로 나갈 수 있는 통로
   - 가로 열쇠: 나가고 들어옴. 어느 곳을 드나듦.

72. 山 / 中
   - 세로 열쇠: 산과 물. 경치를 이르는 말
   - 가로 열쇠: 물속

73. 立 / 主
   - 세로 열쇠: 자기 일을 스스로 처리함.
   - 가로 열쇠: 스스로 섬.

👍 [ ] 안의 단어를 한자로 쓰시오.

74. 치료약을 찾으려고 [ 백방 ]으로 알아보았습니다. (          )

75. 친구의 [ 생일 ] 잔치에 초대받았습니다. (          )

👍 [ ] 안의 한자어를 한글로 쓰시오.

76. 정신없이 놀다 보니 어느덧 집에 돌아가야 할 [ 時間 ]이 되었습니다. (          )

77. 제과점에 다양한 [ 種類 ]의 쿠키가 진열되어 있습니다. (          )

78. 부모님께 감사의 [ 表現 ]으로 카네이션을 달아 드렸습니다. (          )

79. 두 [ 化學 ] 물질이 반응하여 큰 폭발이 일어났습니다. (          )

80. 심사위원들이 각각의 작품을 [ 評價 ]하였습니다. (          )

# 55 제3회 기출 및 예상 문제

월 일

### 객관식 (1~30번)

👍 [ ] 안의 한자의 음(소리)으로 알맞은 것은?

1. [江] ①금 ②강 ③공 ④수
2. [東] ①동 ②목 ③일 ④속
3. [夕] ①석 ②월 ③육 ④다
4. [十] ①이 ②백 ③구 ④십
5. [中] ①삼 ②토 ③천 ④중

👍 [ ] 안의 한자와 음이 같은 한자는?

6. [水] ①手 ②立 ③名 ④外
7. [父] ①五 ②夫 ③弟 ④千
8. [川] ①中 ②天 ③入 ④月

👍 [ ] 안의 한자와 뜻이 반대되거나 상대되는 한자는?

9. [下] ①一 ②人 ③向 ④上
10. [女] ①山 ②北 ③男 ④西

👍 보기의 단어들과 관련이 깊은 한자는?

11. 보기: 무지개 칠석 백설 공주
    ①金 ②九 ③七 ④內
12. 보기: 수영장 분수대 물안경
    ①同 ②文 ③百 ④水
13. 보기: 소나무 대나무 은행나무
    ①木 ②方 ③夫 ④川

👍 [ ] 안의 설명에 맞는 한자어를 완성할 때, ○에 들어갈 한자는?

14. 三○: [세 마디. 아버지의 남자형제]
    ①八 ②自 ③火 ④寸
15. 手○: [손과 발]
    ①向 ②土 ③出 ④足

👍 [ ] 안의 한자어의 독음(소리)으로 알맞은 것은?

16. 삼각형 내각의 [合]은 180°입니다.
    ①식 ②변 ③곱 ④합
17. 개미의 움직임을 [觀察]해 봅시다.
    ①경험 ②실험 ③관찰 ④구경
18. 조리 [器具]들을 정리하였습니다.
    ①도구 ②음식 ③기구 ④물품
19. 책의 [配列]이 질서정연합니다.
    ①배열 ②나열 ③배색 ④기준
20. 시험 [問題]가 조금 어려웠습니다.
    ①문의 ②문제 ③난도 ④과제

👍 [ ] 안의 한자어의 뜻으로 알맞은 것은?

21. [分類]
    ① 물건의 형체
    ② 종류에 따라서 가름.
    ③ 해답을 요구하는 물음
    ④ 마음속으로 괴로워하고 애를 태움.
22. [友愛]
    ① 상으로 주는 물품
    ② 따뜻함과 차가움의 정도
    ③ 면과 면이 만나 이루어지는 모서리
    ④ 형제간 또는 친구 간의 사랑이나 정분

23. [實驗]
    ① 수량을 셈.
    ② 서로 나뉘어 떨어짐.
    ③ 관심이나 흥미가 없음.
    ④ 실제로 경험하거나 시험함.

24. [暗誦]
    ① 어떤 대상의 둘레
    ② 글을 보지 아니하고 입으로 욈.
    ③ 마주 대하여 이야기를 주고받음.
    ④ 사치하지 않고 꾸밈없이 수수함.

25. [最善]
    ① 가장 좋음.
    ② 사물의 부문을 나누는 갈래
    ③ 둘로 똑같이 나눈 것의 한 부분
    ④ 세간, 도구, 기계 따위를 통틀어 이르는 말

👉 [ ] 안에 들어갈 한자어로 알맞은 것은?

26. 삼각형은 [ ]과 변이 3개입니다.
    ① 加熱  ② 評價  ③ 角  ④ 朗誦

27. 사각형의 넓이를 [ ]해 봅시다.
    ① 計算  ② 器具  ③ 反省  ④ 無關心

28. [ ]의 관심사가 있으면 대화가 잘 통합니다.
    ① 孝道  ② 順序  ③ 實驗  ④ 共通

29. 정사각형은 네 [ ]의 길이가 모두 같습니다.
    ① 實踐  ② 暗誦  ③ 式  ④ 邊

30. 조사한 내용을 [ ]로 정리하였습니다.
    ① 安全  ② 表  ③ 孝道  ④ 化學

주관식 (31~80번)

👉 한자의 훈(뜻)과 음(소리)을 한글로 쓰시오.

31. 下 (          )
32. 川 (          )
33. 南 (          )
34. 白 (          )
35. 西 (          )
36. 三 (          )
37. 弟 (          )
38. 水 (          )
39. 母 (          )
40. 自 (          )

👉 [ ] 안의 뜻을 가진 한자를 보기 에서 찾아 쓰시오.

보기   二 小 五 外 王 百 土 千 少 心

41. 방문객이 [적어서] 여유롭게 전시를 관람하였습니다.  (          )

42. 신발이 [작아져서] 신을 수가 없습니다.  (          )

43. 아이들이 놀이터에서 [흙]장난을 합니다.  (          )

44. [마음]이 뒤숭숭해서 잠이 오지 않습니다.  (          )

45. 둘에 셋을 더하면 [다섯]입니다.  (          )

46. 종이학 [천] 마리를 접었습니다.  (          )

47. [바깥] 날씨가 춥습니다.  (          )

48. [두] 명씩 짝을 지었습니다.  (          )

49. 충신은 두 [임금]을 섬기지 않는다는 말이 있습니다.  (          )

50. [일백] 명의 군사를 거느리고 적진을 향해 나아갔습니다.  (          )

## 제3회 기출 및 예상 문제

👉 훈(뜻)과 음(소리)에 맞는 한자를 보기에서 찾아 쓰시오.

보기: 立 九 青 金 六 文 正 父 兄 四

51. 푸를 청 (　　)
52. 설 립 (　　)
53. 아홉 구 (　　)
54. 아버지 부 (　　)
55. 쇠 금 / 성 김 (　　)
56. 바를 정 (　　)
57. 맏 형 (　　)
58. 글월 문 (　　)
59. 넉 사 (　　)
60. 여섯 륙 (　　)

👉 한자어의 독음(소리)을 한글로 쓰시오.

61. 方向 (　　)
62. 火力 (　　)
63. 女子 (　　)
64. 生日 (　　)
65. 一年 (　　)
66. 同門 (　　)
67. 出入 (　　)
68. 石工 (　　)
69. 名目 (　　)
70. 口內 (　　)

👉 [가로 열쇠]와 [세로 열쇠]를 참고하여 빈 칸에 공통으로 들어갈 한자를 쓰시오.

71. 青 / 川
 - 세로 열쇠: 푸른 산
 - 가로 열쇠: 산과 내. 자연

72. 南 / 上
 - 세로 열쇠: 남쪽과 북쪽
 - 가로 열쇠: 북쪽을 향하여 올라감.

73. 父 / 子
 - 세로 열쇠: 아버지와 어머니
 - 가로 열쇠: 어머니와 아들

👉 [ ] 안의 단어를 한자로 쓰시오.

74. 교실에 [주인] 없는 연필이 굴러다닙니다.
(　　)
75. [팔월] 하순에 개학을 합니다.
(　　)

👉 [ ] 안의 한자어를 한글로 쓰시오.

76. 세 개의 [點]을 연결하여 세모꼴을 만들었습니다. (　　)
77. 형과 나는 다섯 살 [差異]가 납니다.
(　　)
78. 바람을 [利用]하여 풍차를 돌립니다.
(　　)
79. 각자의 [役割]에 최선을 다하였습니다.
(　　)
80. 직육면체의 밑면과 옆면은 서로 [垂直]입니다.
(　　)

# 56 제4회 기출 및 예상 문제

월 일

## 객관식 (1~30번)

👍 [ ] 안의 한자의 음(소리)으로 알맞은 것은?

1. [九]  ① 심  ② 수  ③ 모  ④ 구
2. [女]  ① 남  ② 천  ③ 형  ④ 녀
3. [同]  ① 구  ② 동  ③ 청  ④ 합
4. [金]  ① 내  ② 목  ③ 금  ④ 화
5. [文]  ① 문  ② 제  ③ 일  ④ 생

👍 [ ] 안의 한자와 음이 같은 한자는?

6. [小]  ① 少  ② 心  ③ 王  ④ 正
7. [白]  ① 日  ② 八  ③ 百  ④ 川
8. [石]  ① 六  ② 夕  ③ 立  ④ 力

👍 [ ] 안의 한자와 뜻이 반대되거나 상대되는 한자는?

9. [北]  ① 九  ② 靑  ③ 土  ④ 南
10. [內]  ① 外  ② 七  ③ 水  ④ 火

👍 보기 의 단어들과 관련이 깊은 한자는?

11. 보기: 대리석  돌하르방  자갈
    ① 夕  ② 兄  ③ 向  ④ 石

12. 보기: 태양  하루  날짜
    ① 夫  ② 日  ③ 男  ④ 名

13. 보기: 축구  신발  발가락
    ① 年  ② 文  ③ 足  ④ 白

👍 [ ] 안의 설명에 맞는 한자어를 완성할 때, ○에 들어갈 한자는?

14. ○方: [ 한쪽 방향 ]
    ① 一  ② 二  ③ 三  ④ 十

15. 外○: [ 바깥으로 나감. ]
    ① 女  ② 江  ③ 出  ④ 目

👍 [ ] 안의 한자어의 독음(소리)으로 알맞은 것은?

16. [分數]는 분모와 분자로 나타냅니다.
    ① 분류  ② 분리  ③ 분지  ④ 분수

17. 곱셈[式]을 풀어 봅시다.
    ① 각  ② 수  ③ 식  ④ 판

18. 물이 든 삼각 플라스크를 [加熱]해 봅시다.
    ① 가열  ② 가감  ③ 가격  ④ 가망

19. 수학 시간에 여러 가지 [圖形]을 배웠습니다.
    ① 모양  ② 도형  ③ 도식  ④ 모형

20. 장영실은 측우기를 [發明]하였습니다.
    ① 발견  ② 발현  ③ 발명  ④ 발열

👍 [ ] 안의 한자어의 뜻으로 알맞은 것은?

21. [問題]
    ① 드러내어 나타냄.
    ② 상으로 주는 물품
    ③ 여럿을 한데 모음.
    ④ 해답을 요구하는 물음

22. [觀察]
    ① 서로 같지 아니하고 다름.
    ② 특별한 일이 없는 보통 때
    ③ 다른 것에 비하여 특별히 눈에 뜨이는 점
    ④ 사물이나 현상을 주의하여 자세히 살펴봄.

# 제4회 기출 및 예상 문제

23. [ 朗誦 ]
   ① 어떤 대상의 둘레
   ② 일정한 경로를 한 바퀴 돎.
   ③ 무엇을 필요에 따라 이롭게 씀.
   ④ 크게 소리를 내어 글을 읽거나 욈.

24. [ 半 ]
   ① 따뜻함과 차가움의 정도
   ② 실제로 경험하거나 시험함.
   ③ 둘로 똑같이 나눈 것의 한 부분
   ④ 어떤 시각에서 어떤 시각까지의 사이

25. [ 分離 ]
   ① 서로 나뉘어 떨어짐.
   ② 글을 보지 아니하고 입으로 욈.
   ③ 자기가 마땅히 해야 할 맡은 일
   ④ 위험이 생기거나 사고가 날 염려가 없음.

👉 [ ] 안에 들어갈 한자어로 알맞은 것은?

26. 퀴즈 대회 1등 [ ]은 노트북입니다.
   ① 實踐   ② 點   ③ 賞品   ④ 距離

27. 하루는 24[ ]입니다.
   ① 時間   ② 化學   ③ 周邊   ④ 種類

28. 적절한 예를 들면 [ ]하기 쉽습니다.
   ① 共通   ② 恭遜   ③ 混合物   ④ 理解

29. [ ]보다 늦게 잠들었습니다.
   ① 平素   ② 配列   ③ 和睦   ④ 苦悶

30. 효를 행하는 도리를 [ ]라고 합니다.
   ① 活用   ② 孝道   ③ 着陸   ④ 溫度

### 주관식 (31~80번)

👉 한자의 훈(뜻)과 음(소리)을 한글로 쓰시오.

31. 夫 (                )
32. 六 (                )
33. 方 (                )
34. 靑 (                )
35. 水 (                )
36. 力 (                )
37. 入 (                )
38. 小 (                )
39. 川 (                )
40. 正 (                )

👉 [ ] 안의 뜻을 가진 한자를 〈보기〉에서 찾아 쓰시오.

〈보기〉  門 四 父 力 名 七 白 手 西 北

41. 해가 [ 서쪽 ]으로 집니다. (          )
42. [ 아버지 ]와 함께 시장에 갔습니다.
   (          )
43. 외출할 때는 [ 문 ]단속을 철저히 합니다.
   (          )
44. 약은 어린이의 [ 손 ]이 닿지 않는 곳에 보관합니다.  (          )
45. 『늑대와 [ 일곱 ] 마리 아기 염소』 이야기를 읽었습니다.  (          )
46. [ 흰 ] 도화지 위에 알록달록 예쁘게 색칠을 하였습니다.  (          )
47. 윷가락은 [ 네 ] 개입니다. (          )
48. 사람은 죽어서 [ 이름 ]을 남긴다고 합니다.
   (          )
49. 북악산은 서울의 [ 북쪽 ]에 위치합니다.
   (          )
50. 있는 [ 힘 ]을 다해 줄을 당겼습니다.
   (          )

훈(뜻)과 음(소리)에 맞는 한자를 보기에서 찾아 쓰시오.

보기: 江 男 南 目 口 東 千 內 王 天

51. 눈     목 (    )
52. 사내   남 (    )
53. 하늘   천 (    )
54. 강     강 (    )
55. 임금   왕 (    )
56. 일천   천 (    )
57. 입     구 (    )
58. 안     내 (    )
59. 동녘   동 (    )
60. 남녘   남 (    )

한자어의 독음(소리)을 한글로 쓰시오.

61. 母子 (    )
62. 火山 (    )
63. 兄弟 (    )
64. 自主 (    )
65. 中立 (    )
66. 二十 (    )
67. 八月 (    )
68. 下向 (    )
69. 土木 (    )
70. 三寸 (    )

[가로 열쇠]와 [세로 열쇠]를 참고하여 빈 칸에 공통으로 들어갈 한자를 쓰시오.

71. 
| 內 | 세로 열쇠 | 속마음 |
| 人 | 가로 열쇠 | 사람의 마음 |

72.
|   | 六 | 세로 열쇠 | 한 해 열두 달 가운데 다섯째 달 |
| 月 |   | 가로 열쇠 | 다섯이나 여섯 |

73.
| 一 |   | 세로 열쇠 | 한평생 |
|   | 日 | 가로 열쇠 | 태어난 날 |

[ ] 안의 단어를 한자로 쓰시오.

74. 형은 나보다 두 살 [ 연상 ]입니다.
(    )

75. [ 인공 ] 폭포가 시원하게 쏟아집니다.
(    )

[ ] 안의 한자어를 한글로 쓰시오.

76. 직선 한 개로는 [ 角 ]을 만들 수 없습니다.
(    )

77. 그는 [ 儉素 ]한 생활로 다른 사람의 모범이 되었습니다. (    )

78. 지진에 대비하여 [ 安全 ] 교육을 실시하였습니다. (    )

79. 온도계로 물의 [ 溫度 ]를 재어 보았습니다.
(    )

80. 무게의 [ 差 ]는 같은 단위끼리 계산합니다.
(    )

# 57 제5회 기출 및 예상 문제

📅 _____ 월 _____ 일

**객관식 (1~30번)**

👍 [ ] 안의 한자의 음(소리)으로 알맞은 것은?

1. [下]  ① 상  ② 생  ③ 명  ④ 하
2. [二]  ① 이  ② 삼  ③ 일  ④ 월
3. [王]  ① 공  ② 자  ③ 왕  ④ 주
4. [木]  ① 수  ② 토  ③ 지  ④ 목
5. [天]  ① 대  ② 부  ③ 소  ④ 천

👍 [ ] 안의 한자와 음이 같은 한자는?

6. [門]  ① 江  ② 文  ③ 東  ④ 山
7. [夕]  ① 石  ② 月  ③ 男  ④ 口
8. [日]  ① 工  ② 目  ③ 一  ④ 力

👍 [ ] 안의 한자와 뜻이 반대되거나 상대되는 한자는?

9. [父]  ① 母  ② 生  ③ 靑  ④ 心
10. [東]  ① 四  ② 石  ③ 外  ④ 西

👍 보기 의 단어들과 관련이 깊은 한자는?

11. 보기: 소양강  두만강  한강
    ① 弟  ② 中  ③ 足  ④ 江

12. 보기: 삼국지  삼각형  삼원색
    ① 靑  ② 出  ③ 三  ④ 向

13. 보기: 동쪽  서쪽  북쪽
    ① 七  ② 白  ③ 方  ④ 火

👍 [ ] 안의 설명에 맞는 한자어를 완성할 때, ○에 들어갈 한자는?

14. 南○: [남쪽과 북쪽]
    ① 母  ② 北  ③ 立  ④ 女
15. ○月: [한 해 열두 달 가운데 여섯 번째 달]
    ① 內  ② 同  ③ 年  ④ 六

👍 [ ] 안의 한자어의 독음(소리)으로 알맞은 것은?

16. 집에서 학교까지는 10분 [距離]입니다.
    ① 구간  ② 간격  ③ 분리  ④ 거리
17. 이동 시간을 [計算]하여 여정을 짰습니다.
    ① 예산  ② 계측  ③ 계산  ④ 고려
18. 안경을 쓰니 [物體]가 뚜렷하게 보입니다.
    ① 체제  ② 물자  ③ 신체  ④ 물체
19. 이등변삼각형은 두 [邊]의 길이가 같습니다.
    ① 변  ② 점  ③ 합  ④ 차
20. 붓을 [垂直]으로 잡고 글씨를 썼습니다.
    ① 정직  ② 직선  ③ 수평  ④ 수직

👍 [ ] 안의 한자어의 뜻으로 알맞은 것은?

21. [理由]
    ① 물건의 형체
    ② 관심이나 흥미가 없음.
    ③ 특별한 일이 없는 보통 때
    ④ 어떤 결론이나 결과에 이른 까닭이나 근거

22. [周邊]
    ① 드러내어 나타냄.
    ② 어떤 대상의 둘레
    ③ 마주 대하여 이야기를 주고받음.
    ④ 사치하지 않고 꾸밈없이 수수함.

23. [ 着陸 ]

① 서로 나뉘어 떨어짐.
② 물체나 장소 따위의 가장자리
③ 일정한 차례나 간격에 따라 벌여 놓음.
④ 비행기 따위가 공중에서 활주로나 판판한 곳에 내림.

24. [ 評價 ]

① 물건값을 헤아려 매김.
② 생각한 것을 실제로 행함.
③ 무엇을 필요에 따라 이롭게 씀.
④ 마음속으로 괴로워하고 애를 태움.

25. [ 順序 ]

① 가장 좋음.
② 정해진 차례
③ 충분히 잘 이용함.
④ 부모를 잘 섬기는 도리

👉 [ ] 안에 들어갈 한자어로 알맞은 것은?

26. 오랜 노력 끝에 좋은 [ ]를 얻었습니다.
① 加熱  ② 結果  ③ 共通  ④ 安全

27. 나는 [ ]거리를 부모님께 털어놓았습니다.
① 角  ② 器具  ③ 溫度  ④ 苦悶

28. 종업원이 [ ]하게 손님을 맞이하였습니다.
① 恭遜  ② 標語  ③ 一周  ④ 役割

29. 그는 잘못을 하고도 [ ]하지 않았습니다.
① 活用  ② 種類  ③ 表  ④ 反省

30. 자료실 이용 [ ]을 알아보았습니다.
① 化學  ② 和睦  ③ 方法  ④ 發明

**주관식 (31~80번)**

👉 한자의 훈(뜻)과 음(소리)을 한글로 쓰시오.

31. 夕 (           )
32. 千 (           )
33. 外 (           )
34. 夫 (           )
35. 日 (           )
36. 靑 (           )
37. 川 (           )
38. 五 (           )
39. 門 (           )
40. 東 (           )

👉 [ ] 안의 뜻을 가진 한자를 보기 에서 찾아 쓰시오.

**보기**  火 百 目 上 水 南 木 名 父 工

41. 원숭이가 [ **나무** ]를 잘 탑니다.
(           )

42. [ **눈** ]이 아파서 안과에 갔습니다.
(           )

43. 답안지에 [ **이름** ]을 적어 제출하였습니다.
(           )

44. 예술품에는 [ **장인** ]의 정성이 배어 있습니다.
(           )

45. 이 책은 [ **일백** ] 페이지 가량 됩니다.
(           )

46. [ **아버지** ]께 용돈을 받았습니다.
(           )

47. 산 [ **위** ]에 올라 마을을 내려다보았습니다.
(           )

48. 시원한 [ **물** ]을 마셨습니다. (           )

49. 나뭇가지가 [ **남쪽** ]으로 뻗어 있습니다.
(           )

50. [ **불** ]이 나면 119에 신고합니다.
(           )

## 제5회 기출 및 예상 문제

정답 및 해설은 **155**쪽

👍 훈(뜻)과 음(소리)에 맞는 한자를 보기 에서 찾아 쓰시오.

> 보기: 少 八 生 小 立 山 力 男 同 年

51. 여덟    팔 (          )
52. 힘      력 (          )
53. 사내    남 (          )
54. 날      생 (          )
55. 해      년 (          )
56. 적을    소 (          )
57. 한가지  동 (          )
58. 작을    소 (          )
59. 설      립 (          )
60. 메      산 (          )

👍 한자어의 독음(소리)을 한글로 쓰시오.

61. 白金 (          )
62. 出入 (          )
63. 子女 (          )
64. 自主 (          )
65. 正月 (          )
66. 上向 (          )
67. 兄弟 (          )
68. 四寸 (          )
69. 九十 (          )
70. 內心 (          )

👍 [가로 열쇠]와 [세로 열쇠]를 참고하여 빈 칸에 공통으로 들어갈 한자를 쓰시오.

71. 

| 心 | 세로 열쇠 | 하늘의 한가운데 |
|---|---|---|
| 天 | 가로 열쇠 | 사물의 한가운데 |

72.

| 百 | 세로 열쇠 | 음력 7월 7일 밤 |
|---|---|---|
| 夕 | 가로 열쇠 | 100을 일곱 번 더한 수 |

73.

| 白 | 세로 열쇠 | 빛깔이 희고 고운 흙 |
|---|---|---|
| 木 | 가로 열쇠 | 흙과 나무 |

👍 [ ] 안의 단어를 한자로 쓰시오.

74. 근육통 때문에 [ 수족 ]을 움직일 때마다 아픕니다.    (          )

75. 도시는 농촌에 비해 [ 인구 ] 밀도가 높습니다.    (          )

👍 [ ] 안의 한자어를 한글로 쓰시오.

76. 옷을 계절별로 [ 分類 ]하였습니다.    (          )

77. [ 實驗 ] 결과를 일지에 기록합니다.    (          )

78. 교내에서 동시 [ 暗誦 ] 대회가 열렸습니다.    (          )

79. 환경 보호를 위해 대중교통을 [ 利用 ]합시다.    (          )

80. 국어 시험에서 백 [ 點 ]을 받았습니다.    (          )

# 58 제6회 기출 및 예상 문제

월        일

### 객관식 (1~30번)

👉 [ ] 안의 한자의 음(소리)으로 알맞은 것은?

1. [靑]   ① 삼   ② 토   ③ 청   ④ 상
2. [內]   ① 인   ② 내   ③ 입   ④ 외
3. [六]   ① 팔   ② 륙   ③ 남   ④ 오
4. [外]   ① 구   ② 생   ③ 외   ④ 녀
5. [方]   ① 심   ② 강   ③ 백   ④ 방

👉 [ ] 안의 한자와 음이 같은 한자는?

6. [自]   ① 木   ② 子   ③ 白   ④ 目
7. [天]   ① 千   ② 金   ③ 手   ④ 同
8. [夫]   ① 立   ② 石   ③ 小   ④ 父

👉 [ ] 안의 한자와 뜻이 반대되거나 상대되는 한자는?

9. [日]   ① 月   ② 心   ③ 五   ④ 兄
10. [出]  ① 一   ② 弟   ③ 入   ④ 寸

👉 보기 의 단어들과 관련이 깊은 한자는?

11. 보기   립스틱   마스크   말소리
    ① 江   ② 九   ③ 東   ④ 口

12. 보기   시   편지   소설
    ① 火   ② 百   ③ 男   ④ 文

13. 보기   하천   개천   시냇물
    ① 王   ② 川   ③ 人   ④ 中

👉 [ ] 안의 설명에 맞는 한자어를 완성할 때, ○에 들어갈 한자는?

14. 水○: [물의 힘]
    ① 正   ② 工   ③ 力   ④ 年

15. 自○: [스스로 섬.]
    ① 內   ② 名   ③ 四   ④ 立

👉 [ ] 안의 한자어의 독음(소리)으로 알맞은 것은?

16. 체육관에는 각종 운동 [器具]가 있습니다.
    ① 장비   ② 도구   ③ 기구   ④ 기계

17. [共通]되는 내용을 묶어 하나의 문단을 구성하였습니다.
    ① 공용   ② 소통   ③ 공통   ④ 중복

18. 소수는 [分數]로 바꿀 수 있습니다.
    ① 분포   ② 분류   ③ 정수   ④ 분수

19. 임시 정부는 독립운동의 중심 [役割]을 하였습니다.
    ① 행동   ② 역할   ③ 역군   ④ 배역

20. 친구 사이의 [友愛]를 돈독히 하였습니다.
    ① 우애   ② 우의   ③ 신의   ④ 배려

👉 [ ] 안의 한자어의 뜻으로 알맞은 것은?

21. [種類]
    ① 열매를 맺음.
    ② 사물의 부문을 나누는 갈래
    ③ 여럿 사이에 두루 통하고 관계됨.
    ④ 면과 면이 만나 이루어지는 모서리

22. [特徵]
    ① 수량을 셈.
    ② 정해진 차례
    ③ 말이나 행동이 겸손하고 예의 바름.
    ④ 다른 것에 비하여 특별히 눈에 뜨이는 점

## 제6회 기출 및 예상 문제

23. [混合物]
    ① 물건의 형체
    ② 서로 나뉘어 떨어짐.
    ③ 여러 가지가 뒤섞여서 이루어진 물건
    ④ 사물이나 현상을 주의하여 자세히 살펴봄.

24. [合]
    ① 여럿을 한데 모음.
    ② 종류에 따라서 가름.
    ③ 생각한 것을 실제로 행함.
    ④ 어떤 지점과 다른 지점과의 사이

25. [表]
    ① 서로 다른 정도
    ② 사리를 분별하여 해석함.
    ③ 자기가 마땅히 해야 할 맡은 일
    ④ 어떤 내용을 일정한 형식과 순서에 따라 보기 쉽게 나타낸 것

👉 [ ] 안에 들어갈 한자어로 알맞은 것은?

26. 맡은 일에 [ ]을 다하였습니다.
    ① 垂直  ② 溫度  ③ 最善  ④ 暗誦

27. 요즘 [ ] 성분을 뺀 천연 비누가 인기입니다.
    ① 理解  ② 化學  ③ 反省  ④ 無關心

28. 창문 너머로 [ ]한 웃음소리가 들립니다.
    ① 役割  ② 實驗  ③ 差  ④ 和睦

29. 그는 자신의 생각을 분명하게 [ ]하였습니다.
    ① 理由  ② 着陸  ③ 表現  ④ 孝道

30. 탐험대가 세계 [ ]를 마치고 돌아왔습니다.
    ① 一周  ② 方法  ③ 平素  ④ 時間

### 주관식 (31~80번)

👉 한자의 훈(뜻)과 음(소리)을 한글로 쓰시오.

31. 南 (          )
32. 男 (          )
33. 目 (          )
34. 白 (          )
35. 北 (          )
36. 三 (          )
37. 西 (          )
38. 夕 (          )
39. 小 (          )
40. 十 (          )

👉 [ ] 안의 뜻을 가진 한자를 보기 에서 찾아 쓰시오.

보기
主 寸 石 上 江 弟 母 八 手 土

41. 지붕 [위]에 달이 떴습니다. (          )
42. [어머니]께서 김밥을 싸 주셨습니다.
    (          )
43. 토성의 고리는 [돌] 조각과 얼음으로 이루어져 있습니다. (          )
44. 음식을 먹기 전에 [손]을 깨끗이 씻습니다.
    (          )
45. 배가 [강]을 따라 천천히 흘러갑니다.
    (          )
46. '형만 한 [아우] 없다.'는 말이 있습니다.
    (          )
47. 개가 [주인]을 보자 반갑게 꼬리를 칩니다.
    (          )
48. 일을 많이 했더니 손가락 [마디]가 쑤십니다.
    (          )
49. 삽으로 [흙]을 퍼냈습니다. (          )
50. [여덟]을 둘로 나누면 넷이 됩니다.
    (          )

👆 훈(뜻)과 음(소리)에 맞는 한자를 보기 에서 찾아 쓰시오.

보기: 名 兄 東 五 正 母 夫 七 水 四

51. 맏 형 (　　　)
52. 일곱 칠 (　　　)
53. 바를 정 (　　　)
54. 어머니 모 (　　　)
55. 다섯 오 (　　　)
56. 물 수 (　　　)
57. 넉 사 (　　　)
58. 지아비 부 (　　　)
59. 이름 명 (　　　)
60. 동녘 동 (　　　)

👆 한자어의 독음(소리)을 한글로 쓰시오.

61. 中心 (　　　)
62. 女王 (　　　)
63. 人生 (　　　)
64. 同一 (　　　)
65. 自足 (　　　)
66. 下向 (　　　)
67. 木工 (　　　)
68. 九百 (　　　)
69. 二日 (　　　)
70. 少年 (　　　)

👆 [가로 열쇠]와 [세로 열쇠]를 참고하여 빈칸에 공통으로 들어갈 한자를 쓰시오.

71. 正 / 北
　　세로 열쇠: 정면으로 난 문
　　가로 열쇠: 북쪽으로 난 문

72. 青 / 下
　　세로 열쇠: 푸른 하늘
　　가로 열쇠: 하늘 아래

73. 東 / 向
　　세로 열쇠: 동쪽
　　가로 열쇠: 어떤 곳을 향한 쪽

👆 [ ] 안의 단어를 한자로 쓰시오.

74. 통장에서 5만원을 [ 출금 ]하였습니다.
　　(　　　　　)

75. [ 화산 ]에서 용암이 솟구쳐 오릅니다.
　　(　　　　　)

👆 [ ] 안의 한자어를 한글로 쓰시오.

76. 환경 문제를 주제로 [ 標語 ]를 만들었습니다.
　　(　　　　　)

77. 자투리 시간을 [ 活用 ]하여 영어 단어를 외웠습니다. (　　　　　)

78. 나라마다 문화 [ 差異 ]가 있습니다.
　　(　　　　　)

79. 계획을 [ 實踐 ]에 옮겼습니다.
　　(　　　　　)

80. 예정된 순서에 따라 [ 式 ]이 진행되었습니다.
　　(　　　　　)

# 59  제7회 기출 및 예상 문제

월    일

### 객관식 (1~30번)

👍 [ ] 안의 한자의 음(소리)으로 알맞은 것은?

1. [足]  ① 자  ② 입  ③ 청  ④ 족
2. [百]  ① 백  ② 출  ③ 중  ④ 십
3. [父]  ① 모  ② 부  ③ 명  ④ 수
4. [生]  ① 토  ② 생  ③ 천  ④ 구
5. [正]  ① 지  ② 립  ③ 정  ④ 남

👍 [ ] 안의 한자와 음이 같은 한자는?

6. [口]  ① 九  ② 目  ③ 女  ④ 西
7. [夕]  ① 江  ② 六  ③ 木  ④ 石
8. [同]  ① 工  ② 母  ③ 東  ④ 自

👍 [ ] 안의 한자와 뜻이 반대되거나 상대되는 한자는?

9. [上]  ① 王  ② 文  ③ 二  ④ 下
10. [南]  ① 夫  ② 北  ③ 子  ④ 主

👍 보기 의 단어들과 관련이 깊은 한자는?

11. 보기  아빠  형  삼촌
    ① 八  ② 火  ③ 青  ④ 男

12. 보기  오선지  어린이날  오일장
    ① 五  ② 天  ③ 七  ④ 足

13. 보기  명찰  출석  별명
    ① 入  ② 名  ③ 向  ④ 寸

👍 [ ] 안의 설명에 맞는 한자어를 완성할 때, ○에 들어갈 한자는?

14. 一○: [ 하나로 합쳐진 마음 ]
    ① 十  ② 心  ③ 手  ④ 四

15. ○子: [ 임금의 아들 ]
    ① 王  ② 川  ③ 月  ④ 三

👍 [ ] 안의 한자어의 독음(소리)으로 알맞은 것은?

16. 그녀는 [儉素]하고 옷차림이 단정합니다.
    ① 험소  ② 검소  ③ 검약  ④ 절약

17. [平素]보다 지하철에 사람이 많습니다.
    ① 생소  ② 일상  ③ 평소  ④ 평일

18. 겉모습만 보고 사람을 [評價]할 수 없습니다.
    ① 판단  ② 인정  ③ 평가  ④ 비평

19. 친구가 자작시를 [朗誦]하였습니다.
    ① 시연  ② 암기  ③ 암송  ④ 낭송

20. 사람들이 그의 [孝道]를 칭찬하였습니다.
    ① 효도  ② 우애  ③ 도리  ④ 자녀

👍 [ ] 안의 한자어의 뜻으로 알맞은 것은?

21. [對話]
    ① 열매를 맺음.
    ② 해답을 요구하는 물음.
    ③ 따뜻함과 차가움의 정도.
    ④ 마주 대하여 이야기를 주고받음.

22. [配列]
    ① 특별한 일이 없는 보통 때
    ② 물체나 장소 따위의 가장자리
    ③ 둘로 똑같이 나눈 것의 한 부분
    ④ 일정한 차례나 간격에 따라 벌여 놓음.

23. [圖形]
   ① 그림의 모양이나 형태
   ② 물건값을 헤아려 매김.
   ③ 사물의 부문을 나누는 갈래
   ④ 무엇을 필요에 따라 이롭게 씀.

24. [垂直]
   ① 어떤 대상의 둘레
   ② 똑바로 드리우는 상태
   ③ 서로 같지 아니하고 다름.
   ④ 생각한 것을 실제로 행함.

25. [發明]
   ① 사리를 분별하여 해석함.
   ② 어떤 시각에서 어떤 시각까지의 사이
   ③ 형제간 또는 친구 간의 사랑이나 정분
   ④ 아직까지 없던 기술이나 물건을 새로 생각하여 만들어 냄.

👉 [ ] 안에 들어갈 한자어로 알맞은 것은?

26. 여름철에는 식품을 [ ]한 후 섭취합시다.
   ① 役割  ② 賞品  ③ 反省  ④ 加熱

27. 기출 [ ]를 풀며 시험을 대비하였습니다.
   ① 分類  ② 最善  ③ 問題  ④ 着陸

28. 폭우로 도로의 일부 [ ]을 통제합니다.
   ① 區間  ② 合  ③ 和睦  ④ 化學

29. 각도기를 이용해 주어진 [ ]을 그려 봅시다.
   ① 標語  ② 利用  ③ 角  ④ 活用

30. 현미경을 이용하여 미생물을 [ ]합니다.
   ① 時間  ② 理由  ③ 友愛  ④ 觀察

**주관식 (31~80번)**

👉 한자의 훈(뜻)과 음(소리)을 한글로 쓰시오.

31. 年 (                )
32. 立 (                )
33. 母 (                )
34. 火 (                )
35. 二 (                )
36. 上 (                )
37. 目 (                )
38. 六 (                )
39. 金 (                )
40. 木 (                )

👉 [ ] 안의 뜻을 가진 한자를 보기 에서 찾아 쓰시오.

**보기**  文 中 向 子 四 自 少 出 口 月

41. 식탁 [가운데]에 찌개를 놓았습니다. (        )

42. 좋은 약이 [입]에 씁니다. (        )

43. 책을 읽은 느낌을 [글]로 적었습니다. (        )

44. 운동을 시작한 지 [넉] 달 만에 실력이 눈에 띄게 늘었습니다. (        )

45. 우리 반은 남학생에 비해 여학생 수가 [적습니다]. (        )

46. [달]은 지구의 위성입니다. (        )

47. 이방원은 이성계의 다섯째 [아들]입니다. (        )

48. 동생은 이제 [스스로] 양말을 신을 줄 압니다. (        )

49. 사람들의 시선이 한곳으로 [향하였습니다]. (        )

50. 밖에 [나갔다가] 돌아오면 손을 깨끗이 씻습니다. (        )

### 제7회 기출 및 예상 문제

정답 및 해설은 **156**쪽

👉 훈(뜻)과 음(소리)에 맞는 한자를 보기 에서 찾아 쓰시오.

보기  川 日 一 西 入 土 弟 南 主 內

51. 한   일 (      )
52. 들   입 (      )
53. 아우  제 (      )
54. 주인  주 (      )
55. 안   내 (      )
56. 흙   토 (      )
57. 남녘  남 (      )
58. 서녘  서 (      )
59. 해/날 일 (      )
60. 내   천 (      )

👉 한자어의 독음(소리)을 한글로 쓰시오.

61. 工夫 (      )
62. 四方 (      )
63. 江山 (      )
64. 白手 (      )
65. 水門 (      )
66. 女人 (      )
67. 同力 (      )
68. 五十 (      )
69. 八千 (      )
70. 靑天 (      )

👉 [가로 열쇠]와 [세로 열쇠]를 참고하여 빈 칸에 공통으로 들어갈 한자를 쓰시오.

71. 
| | 心 | 세로 열쇠 | 작은 사람. 나이가 어린 사람 |
| 人 | | 가로 열쇠 | 작은 마음. 대담하지 못하고 조심성이 지나치게 많음. |

72.
| 內 | | 세로 열쇠 | 안과 밖 |
| | 出 | 가로 열쇠 | 바깥으로 나감. |

73.
| 弟 | | 세로 열쇠 | 언니의 남편 |
| | 夫 | 가로 열쇠 | 형과 아우 |

👉 [ ] 안의 단어를 한자로 쓰시오.

74. [ 삼촌 ]과 놀이공원에 놀러 갔습니다.
(      )

75. 견우와 직녀는 [ 칠석 ]에만 만날 수 있습니다.
(      )

👉 [ ] 안의 한자어를 한글로 쓰시오.

76. 그는 [ 無關心 ]한 표정으로 쳐다보았습니다.
(      )

77. 내용이 너무 전문적이어서 [ 理解 ]하기 어렵습니다.
(      )

78. 바람이 불어 체감 [ 溫度 ]가 낮습니다.
(      )

79. 두 팀 간에 점수 [ 差 ]가 크게 벌어졌습니다.
(      )

80. 달걀흰자와 노른자를 [ 分離 ]하였습니다.
(      )

# 60 제8회 기출 및 예상 문제

📅 _____월 _____일

**객관식 (1~30번)**

👍 [ ] 안의 한자의 음(소리)으로 알맞은 것은?

1. [少]   ①서   ②사   ③소   ④수
2. [三]   ①일   ②이   ③삼   ④사
3. [目]   ①월   ②목   ③자   ④일
4. [向]   ①향   ②구   ③출   ④형
5. [人]   ①개   ②인   ③입   ④팔

👍 [ ] 안의 한자와 음이 같은 한자는?

6. [手]   ①水   ②足   ③六   ④北
7. [東]   ①火   ②靑   ③同   ④門
8. [百]   ①白   ②文   ③父   ④五

👍 [ ] 안의 한자와 뜻이 반대되거나 상대되는 한자는?

9. [兄]   ①千   ②心   ③內   ④弟
10. [足]   ①男   ②手   ③十   ④土

👍 보기 의 단어들과 관련이 깊은 한자는?

11. 보기  엄마   고모   언니
    ①山   ②工   ③女   ④方

12. 보기  사계절   365일   나이
    ①方   ②八   ③江   ④年

13. 보기  대문   문단속   창문
    ①門   ②夫   ③七   ④寸

👍 [ ] 안의 설명에 맞는 한자어를 완성할 때, ○에 들어갈 한자는?

14. ○子: [어머니와 아들]
    ①月   ②九   ③中   ④母

15. ○女: [남자와 여자]
    ①男   ②出   ③立   ④年

👍 [ ] 안의 한자어의 독음(소리)으로 알맞은 것은?

16. 문장을 다 쓰고 [點]을 찍어 마쳤습니다.
    ①각   ②면   ③선   ④점

17. 문제를 푸는 데 [時間]이 부족합니다.
    ①연습   ②시계   ③시간   ④노력

18. 생물을 동물과 식물로 [分類]해 봅시다.
    ①분리   ②분류   ③구분   ④구별

19. 시작이 [半]이라는 속담이 있습니다.
    ①판   ②반   ③식   ④금

20. 친구 간의 신의와 [和睦]이 중요합니다.
    ①협동   ②정직   ③화합   ④화목

👍 [ ] 안의 한자어의 뜻으로 알맞은 것은?

21. [距離]
    ① 물건의 형체
    ② 종류에 따라서 가름.
    ③ 사물이나 현상을 주의하여 자세히 살펴봄.
    ④ 두 개의 물건이나 장소 따위가 공간적으로 떨어진 길이

22. [結果]
    ① 열매를 맺음.
    ② 정해진 차례
    ③ 사치하지 않고 꾸밈없이 수수함.
    ④ 어떤 시각에서 어떤 시각까지의 사이

## 제8회 기출 및 예상 문제

23. [反省]
 ① 가장 좋음.
 ② 서로 다른 정도
 ③ 자기가 마땅히 해야 할 맡은 일
 ④ 잘못이나 허물이 없었는지 돌이켜 생각함.

24. [邊]
 ① 수량을 셈.
 ② 여럿을 한데 모음.
 ③ 물체나 장소 따위의 가장자리
 ④ 여러 가지가 뒤섞여서 이루어진 물건

25. [安全]
 ① 열을 가함.
 ② 충분히 잘 이용함.
 ③ 면과 면이 만나 이루어지는 모서리
 ④ 위험이 생기거나 사고가 날 염려가 없음.

👉 [ ] 안에 들어갈 한자어로 알맞은 것은?

26. 덧셈[ ]을 활용하여 문제를 풀었습니다.
 ① 角  ② 式  ③ 半  ④ 差

27. 형이 도서관 [ ] 방법을 알려 주었습니다.
 ① 平素  ② 利用  ③ 特徵  ④ 役割

28. 선생님은 한시 한 편을 [ ]하였습니다.
 ① 垂直  ② 化學  ③ 周邊  ④ 暗誦

29. 요리를 마친 후 조리 [ ]를 정리합니다.
 ① 器具  ② 圖形  ③ 發明  ④ 儉素

30. [ ] 도중에 끼어 드는 것은 실례입니다.
 ① 着陸  ② 共通  ③ 對話  ④ 無關心

### 주관식 (31~80번)

👉 한자의 훈(뜻)과 음(소리)을 한글로 쓰시오.

31. 同 (                    )
32. 力 (                    )
33. 文 (                    )
34. 四 (                    )
35. 石 (                    )
36. 一 (                    )
37. 自 (                    )
38. 東 (                    )
39. 土 (                    )
40. 七 (                    )

👉 [ ] 안의 뜻을 가진 한자를 보기에서 찾아 쓰시오.

보기: 川 王 下 青 木 二 小 日 心 生

41. 공이 언덕 [ 아래 ]로 데굴데굴 굴러갑니다.
 (                    )
42. [ 냇물 ]에 발을 담그고 더위를 식힙니다.
 (                    )
43. 구름이 [ 해 ]를 가렸습니다. (           )
44. 수양 대군은 단종을 몰아내고 [ 임금 ]이 되었습니다.
 (                    )
45. 아버지는 서울에서 [ 나고 ] 자랐습니다.
 (                    )
46. 정원에 [ 나무 ]를 몇 그루 심었습니다.
 (                    )
47. 나는 [ 작고 ] 조용한 마을에 삽니다.
 (                    )
48. 친구에게 받은 선물이 [ 마음 ]에 쏙 듭니다.
 (                    )
49. 젓가락 [ 두 ] 짝이 똑같습니다.
 (                    )
50. 소나무는 사계절 내내 [ 푸릅니다 ].
 (                    )

👍 훈(뜻)과 음(소리)에 맞는 한자를 보기 에서 찾아 쓰시오.

보기
夕 寸 西 子 父 主 足 上 火 百

51. 마디    촌 (          )
52. 불      화 (          )
53. 저녁    석 (          )
54. 서녘    서 (          )
55. 발      족 (          )
56. 아들    자 (          )
57. 아버지  부 (          )
58. 위      상 (          )
59. 일백    백 (          )
60. 주인    주 (          )

👍 한자어의 독음(소리)을 한글로 쓰시오.

61. 外出 (          )
62. 五六 (          )
63. 兄夫 (          )
64. 名山 (          )
65. 江南 (          )
66. 九十 (          )
67. 千金 (          )
68. 中立 (          )
69. 天工 (          )
70. 入口 (          )

👍 [가로 열쇠]와 [세로 열쇠]를 참고하여 빈 칸에 공통으로 들어갈 한자를 쓰시오.

71. 方 / 月
   세로 열쇠: 한 해 열두 달 가운데 여덟 번째 달
   가로 열쇠: 여덟 방향. 여러 방향

72. 名 / 力
   세로 열쇠: 사람의 힘
   가로 열쇠: 사람의 이름

73. 口 / 心
   세로 열쇠: 입의 안
   가로 열쇠: 속마음

👍 [ ] 안의 단어를 한자로 쓰시오.

74. [정월] 대보름에는 부럼을 먹습니다.
(          )

75. 남방 지역은 [북방] 지역보다 따뜻합니다.
(          )

👍 [ ] 안의 한자어를 한글로 쓰시오.

76. 키 [順序]대로 줄을 섰습니다.
(          )

77. 친선 경기를 하며 상대 팀과 [友愛]를 다졌습니다.
(          )

78. 아무 [理由] 없이 눈물이 났습니다.
(          )

79. 내 꿈은 세계 [一周]입니다.
(          )

80. 우주선이 달에 [着陸]하였습니다.
(          )

# 61  제9회 기출 및 예상 문제

월        일

### 객관식 (1~30번)

👍 [ ] 안의 한자의 음(소리)으로 알맞은 것은?

1. [東]   ①주   ②왕   ③공   ④동
2. [出]   ①산   ②출   ③상   ④일
3. [千]   ①백   ②강   ③십   ④천
4. [中]   ①문   ②중   ③일   ④목
5. [西]   ①신   ②사   ③서   ④고

👍 [ ] 안의 한자와 음이 같은 한자는?

6. [一]   ①二   ②日   ③女   ④六
7. [少]   ①文   ②木   ③小   ④八
8. [男]   ①東   ②山   ③南   ④王

👍 [ ] 안의 한자와 뜻이 반대되거나 상대되는 한자는?

9. [母]   ①五   ②入   ③九   ④父
10. [火]   ①水   ②兄   ③正   ④自

👍 보기의 단어들과 관련이 깊은 한자는?

11. 보기: 동대문   동방예의지국   동양
    ①東   ②同   ③西   ④立

12. 보기: 백설기   우유   구름
    ①自   ②百   ③西   ④白

13. 보기: 즐거움   화남   슬픔
    ①日   ②心   ③口   ④目

👍 [ ] 안의 설명에 맞는 한자어를 완성할 때, ○에 들어갈 한자는?

14. ○少: [ 나이가 어림. ]
    ①向   ②下   ③年   ④川

15. ○方: [ 동, 서, 남, 북의 네 방위 ]
    ①四   ②中   ③子   ④手

👍 [ ] 안의 한자어의 독음(소리)으로 알맞은 것은?

16. 배운 내용을 일상생활에서 [實踐]합니다.
    ①실행   ②실현   ③실천   ④실험

17. 플라스틱은 [種類]가 다양합니다.
    ①종류   ②분류   ③원료   ④종자

18. 친구에게 [恭遜]하고 친절하게 대합니다.
    ①공경   ②공손   ③공통   ④공공

19. 책상 [周邊]을 깨끗이 정리하였습니다.
    ①환경   ②주변   ③변방   ④상단

20. 모래와 철가루의 [混合物]을 분리해 봅시다.
    ①배합물   ②합성물   ③혼성물   ④혼합물

👍 [ ] 안의 한자어의 뜻으로 알맞은 것은?

21. [計算]
    ① 열을 가함.
    ② 수량을 셈.
    ③ 둘로 똑같이 나눈 것의 한 부분
    ④ 사치하지 않고 꾸밈없이 수수함.

22. [最善]
    ① 가장 좋음.
    ② 열매를 맺음.
    ③ 면과 면이 만나 이루어지는 모서리
    ④ 사물이나 현상을 주의하여 자세히 살펴봄.

23. [方法]
   ① 물건의 형체
   ② 종류에 따라서 가름.
   ③ 일정한 차례나 간격에 따라 벌여 놓음.
   ④ 어떤 일을 해 나가거나 목적을 이루기 위해 취하는 수단이나 방식

24. [苦悶]
   ① 물건값을 헤아려 매김.
   ② 생각한 것을 실제로 행함.
   ③ 글을 보지 아니하고 입으로 욈.
   ④ 마음속으로 괴로워하고 애를 태움.

25. [役割]
   ① 정해진 차례
   ② 상으로 주는 물품
   ③ 자기가 마땅히 해야 할 맡은 일
   ④ 말이나 행동이 겸손하고 예의 바름.

👉 [ ] 안에 들어갈 한자어로 알맞은 것은?

26. 나와 짝꿍의 키는 큰 [ ] 없이 비슷합니다.
   ① 配列  ② 分離  ③ 垂直  ④ 差異

27. 미확인 비행 [ ]를 UFO라고 합니다.
   ① 理由  ② 發明  ③ 物體  ④ 分數

28. [ ] 기구를 다룰 때는 안전에 유의합니다.
   ① 反省  ② 實驗  ③ 順序  ④ 友愛

29. 공부만 하는 동생은 놀이에 [ ]합니다.
   ① 無關心  ② 差  ③ 圖形  ④ 朗誦

30. 점심시간을 [ ]하여 병원에 다녀왔습니다.
   ① 平素  ② 化學  ③ 孝道  ④ 活用

**주관식 (31~80번)**

👉 한자의 훈(뜻)과 음(소리)을 한글로 쓰시오.

31. 百 (                    )
32. 夫 (                    )
33. 弟 (                    )
34. 正 (                    )
35. 二 (                    )
36. 夕 (                    )
37. 入 (                    )
38. 寸 (                    )
39. 川 (                    )
40. 少 (                    )

👉 [ ] 안의 뜻을 가진 한자를 보기 에서 찾아 쓰시오.

보기   兄 足 石 火 三 口 山 外 五 內

41. 너무 오래 걸었더니 [발]이 아픕니다.
   (                    )

42. 우리 마을은 [산] 좋고 물 좋은 곳입니다.
   (                    )

43. 자나깨나 [불]을 조심합시다.
   (                    )

44. 미세먼지가 없어 [바깥]에서 뛰놀았습니다.
   (                    )

45. [다섯] 시에 친구를 만나기로 하였습니다.
   (                    )

46. 냇물에 [돌]을 던져 물수제비를 떴습니다.
   (                    )

47. 내 코가 [석] 자입니다.   (                    )

48. 옷장 [안]에 옷을 걸었습니다.
   (                    )

49. [입]을 크게 벌리고 하품을 합니다.
   (                    )

50. 우리 [형]은 자상하고 너그럽습니다.
   (                    )

## 제9회 기출 및 예상 문제

👍 훈(뜻)과 음(소리)에 맞는 한자를 보기에서 찾아 쓰시오.

보기: 母 手 七 工 自 六 十 主 力 下

51. 일곱    칠 (　　　)
52. 장인    공 (　　　)
53. 주인    주 (　　　)
54. 힘      력 (　　　)
55. 여섯    륙 (　　　)
56. 스스로  자 (　　　)
57. 아래    하 (　　　)
58. 열      십 (　　　)
59. 어머니  모 (　　　)
60. 손      수 (　　　)

👍 한자어의 독음(소리)을 한글로 쓰시오.

61. 人目 (　　　)
62. 名文 (　　　)
63. 男女 (　　　)
64. 靑年 (　　　)
65. 八方 (　　　)
66. 九月 (　　　)
67. 土木 (　　　)
68. 北向 (　　　)
69. 同門 (　　　)
70. 天上 (　　　)

👍 [가로 열쇠]와 [세로 열쇠]를 참고하여 빈 칸에 공통으로 들어갈 한자를 쓰시오.

71. 王 / 自
　　세로 열쇠: 국왕이나 왕족이 세움.
　　가로 열쇠: 스스로 섬.

72. 白 / 入
　　세로 열쇠: 하얀 금
　　가로 열쇠: 돈을 들여놓거나 넣어 줌.

73. 山 / 中
　　세로 열쇠: 강의 가운데
　　가로 열쇠: 강과 산. 자연의 경치

👍 [ ] 안의 단어를 한자로 쓰시오.

74. 연어는 알을 낳자마자 [ 일생 ]을 마칩니다.
　　　　　　　　　　　　　(　　　　　)

75. [ 왕자 ]님과 공주님은 오래도록 행복하게 살았습니다. (　　　　　)

👍 [ ] 안의 한자어를 한글로 쓰시오.

76. 우승 [ 賞品 ]과 트로피를 들고 기념사진을 찍었습니다. (　　　　　)

77. 우리는 운동이라는 [ 共通 ]의 관심사가 있습니다. (　　　　　)

78. 이 길은 일방통행 [ 區間 ]입니다.
　　　　　　　　　　　　(　　　　　)

79. 빨간색과 초록색을 [ 合 ]하면 갈색이 됩니다.
　　　　　　　　　　　　(　　　　　)

80. 토끼는 귀가 길쭉한 것이 [ 特徵 ]입니다.
　　　　　　　　　　　　(　　　　　)

# 제10회 기출 및 예상 문제

월      일

### 객관식 (1~30번)

👉 [  ] 안의 한자의 음(소리)으로 알맞은 것은?

1. [兄]   ①족   ②동   ③형   ④화
2. [土]   ①왕   ②토   ③하   ④상
3. [工]   ①내   ②팔   ③공   ④인
4. [白]   ①일   ②목   ③자   ④백
5. [男]   ①남   ②부   ③전   ④력

👉 [  ] 안의 한자와 음이 같은 한자는?

6. [子]   ①六   ②自   ③北   ④中
7. [口]   ①九   ②王   ③人   ④生
8. [父]   ①月   ②弟   ③火   ④夫

👉 [  ] 안의 한자와 뜻이 반대되거나 상대되는 한자는?

9. [手]   ①力   ②文   ③足   ④江
10. [西]  ①東   ②名   ③千   ④青

👉 보기의 단어들과 관련이 깊은 한자는?

11. 보기: 내복   실내   안쪽
    ①內   ②向   ③正   ④天

12. 보기: 주인공   주체   집주인
    ①心   ②七   ③主   ④山

13. 보기: 팔각정   문어   팔방미인
    ①水   ②小   ③石   ④八

👉 [  ] 안의 설명에 맞는 한자어를 완성할 때, ○에 들어갈 한자는?

14. ○出 : [ 해가 나옴. ]
    ①山   ②夕   ③日   ④上

15. ○口 : [ 들어가는 곳 ]
    ①立   ②年   ③男   ④入

👉 [  ] 안의 한자어의 독음(소리)으로 알맞은 것은?

16. 방학 생활 계획[表]를 작성하였습니다.
    ①지   ②표   ③서   ④기

17. 두 물질의 [化學] 반응을 살펴봅시다.
    ①과학   ②중화   ③과민   ④화학

18. 마젤란 탐험대는 인류 역사상 최초로 세계 [一周]에 성공하였습니다.
    ①일주   ②여행   ③비행   ④항해

19. 저작물을 무단으로 [利用]하면 안 됩니다.
    ①애용   ②활용   ③사용   ④이용

20. 공사장에서는 [安全] 장비를 착용합니다.
    ①첨단   ②안전   ③안내   ④온전

👉 [  ] 안의 한자어의 뜻으로 알맞은 것은?

21. [儉素]
    ① 여럿을 한데 모음.
    ② 서로 같지 아니하고 다름.
    ③ 사치하지 않고 꾸밈없이 수수함.
    ④ 여러 가지가 뒤섞여서 이루어진 물건

22. [表現]
    ① 드러내어 나타냄.
    ② 어떤 대상의 둘레
    ③ 부모를 잘 섬기는 도리
    ④ 서로 뜻이 맞고 정다움.

### 제10회 기출 및 예상 문제

23. [ 角 ]
   ① 마주 대하여 이야기를 주고받음.
   ② 어떤 지점과 다른 지점과의 사이
   ③ 말이나 행동이 겸손하고 예의 바름.
   ④ 면과 면이 만나 이루어지는 모서리

24. [ 時間 ]
   ① 그림의 모양이나 형태
   ② 해답을 요구하는 물음
   ③ 생각한 것을 실제로 행함.
   ④ 어떤 시각에서 어떤 시각까지의 사이

25. [ 平素 ]
   ① 상으로 주는 물품
   ② 서로 나뉘어 떨어짐.
   ③ 특별한 일이 없는 보통 때
   ④ 글을 보지 아니하고 입으로 욈.

👉 [ ] 안에 들어갈 한자어로 알맞은 것은?

26. 작품명을 가나다순으로 [　]하였습니다.
   ① 物體　② 配列　③ 結果　④ 加熱

27. [　]를 약분해도 크기는 같습니다.
   ① 暗誦　② 發明　③ 分數　④ 役割

28. 짧고 간결하게 친환경 [　]를 만들어 봅시다.
   ① 和睦　② 標語　③ 分離　④ 溫度

29. 낙하선을 타고 땅으로 [　]하였습니다.
   ① 着陸　② 邊　③ 問題　④ 器具

30. 법의 [　]에는 헌법, 법률, 명령 등이 있습니다.
   ① 垂直　② 無關心　③ 差　④ 種類

**주관식 (31~80번)**

👉 한자의 훈(뜻)과 음(소리)을 한글로 쓰시오.

31. 百 (　　　)
32. 女 (　　　)
33. 手 (　　　)
34. 父 (　　　)
35. 生 (　　　)
36. 八 (　　　)
37. 月 (　　　)
38. 火 (　　　)
39. 青 (　　　)
40. 向 (　　　)

👉 [ ] 안의 뜻을 가진 한자를 보기에서 찾아 쓰시오.

**보기** 　上 力 北 七 目 母 男 金 一 江

41. [ 한 ] 시간 만에 책을 다 읽었습니다.
   (　　　)

42. [ 일곱 ] 번 넘어져도 여덟 번째 다시 일어납니다.
   (　　　)

43. [ 쇠 ]는 단련할수록 단단해집니다.
   (　　　)

44. 이모는 건강한 [ 사내 ]아이를 낳았습니다.
   (　　　)

45. 사다리를 타고 [ 위 ]로 올라갑니다.
   (　　　)

46. 전쟁이 끝난 후 우리나라는 남과 [ 북 ]으로 나뉬었습니다.
   (　　　)

47. 그는 [ 강 ] 건너 불구경하듯 무관심한 표정이었습니다.
   (　　　)

48. 아이의 [ 눈 ]이 초롱초롱 빛납니다.
   (　　　)

49. 아는 것이 [ 힘 ]입니다. (　　　)

50. 실패는 성공의 [ 어머니 ]입니다.
   (　　　)

훈(뜻)과 음(소리)에 맞는 한자를 보기에서 찾아 쓰시오.

보기: 心 出 五 外 中 小 木 口 三 方

51. 다섯 오 (　　　)
52. 날 출 (　　　)
53. 바깥 외 (　　　)
54. 가운데 중 (　　　)
55. 작을 소 (　　　)
56. 모 방 (　　　)
57. 나무 목 (　　　)
58. 마음 심 (　　　)
59. 입 구 (　　　)
60. 석 삼 (　　　)

[가로 열쇠]와 [세로 열쇠]를 참고하여 빈 칸에 공통으로 들어갈 한자를 쓰시오.

71. 七 / 日
 - 세로 열쇠: 음력 7월 7일 밤
 - 가로 열쇠: 저녁때의 햇빛

72. 三 / 年
 - 세로 열쇠: 3000. 천을 세 번 더한 수
 - 가로 열쇠: 1000년. 오랜 세월

73. 八 / 人
 - 세로 열쇠: 두 사람
 - 가로 열쇠: 2×8. 16세 무렵의 꽃다운 나이

※ [ ] 안의 단어를 한자로 쓰시오.

74. '회갑'은 만 [ 육십 ] 세를 이르는 말입니다.
(　　　　　)

75. [ 사촌 ] 언니를 만나 신나게 놀았습니다.
(　　　　　)

한자어의 독음(소리)을 한글로 쓰시오.

61. 山川 (　　　)
62. 王立 (　　　)
63. 南西 (　　　)
64. 年少 (　　　)
65. 同名 (　　　)
66. 水石 (　　　)
67. 天下 (　　　)
68. 弟子 (　　　)
69. 正門 (　　　)
70. 人文 (　　　)

※ [ ] 안의 한자어를 한글로 쓰시오.

76. 명절에 모여 가족 간의 [ 和睦 ]을 다졌습니다.
(　　　　　)

77. 좋은 기록을 내려고 [ 最善 ]을 다하였습니다.
(　　　　　)

78. 커다란 수박을 [ 半 ]으로 갈랐습니다.
(　　　　　)

79. 잔잔한 음악에 맞추어 축시를 [ 朗誦 ]하였습니다.
(　　　　　)

80. 지하철역은 5분 [ 距離 ]에 있습니다.
(　　　　　)

# 최종 모의시험 안내 및 문제

## 모의시험 안내

148~150쪽에 실제 시험과 동일한 형태의 시험지가 있습니다.
실제 시험과 동일하게 시험을 보면서 최종 점검을 해 보세요.

1. 실제 시험 시간(60분) 동안 모의시험 문제를 풀어 보세요.
2. 문제는 객관식 30문항, 주관식 50문항으로 총 80문항이고, 56문항 이상 맞아야 합격할 수 있습니다.
3. 답은 별도의 답안지(교재 뒷면 첨부)에 작성합니다.
4. 답안 작성은 검정색 펜을 사용하여야 합니다.
5. 답안을 고칠 때는 수정 테이프를 사용하거나 두 줄을 긋고 빈 곳에 다시 씁니다.
6. 정답 및 해설은 158쪽에서 확인합니다.

▼ 모의시험 결과에 따라 아래와 같이 복습할 수 있습니다.

| 정답 개수 | 되돌아가기 | | |
|---|---|---|---|
| ☺ 56개 이상 | 148~150쪽 | 모의시험 틀린 문제 복습하기 | ☑ |
| | 앞표지 뒷면 | 6급 평가 한자 읽기 | ☑ |
| 😐 25~55개 | 115~145쪽 | 실력 띵똥땡 복습하기 | ☑ |
| | 앞표지 뒷면 | 6급 평가 한자 읽기 | ☑ |
| ☹ 24개 이하 | 7~111쪽 | 한자 도레미 복습하기 | ☑ |
| | 115~145쪽 | 실력 띵똥땡 복습하기 | ☑ |

# 제 1 회

# 한자실력급수 자격시험

## (문제지)

※ 정답은 별도 배부한 OCR 답안지에 작성함

| 급 수 | 6급 |
|---|---|
| 문항수 | 80 (객관식 30 / 주관식 50) |
| 시험시간 | 60분 |

수험번호: ___ - ___ - ___
성 명:

### 수험생 유의사항

1. 수험표에 표기된 응시급수와 문제지의 급수가 같은지 확인하시오.
2. 답안지에 성명, 수험번호, 생년월일을 정확하게 표기하시오.
3. 감독관의 설명을 들은 후 문제를 풀기 시작하시오.
4. 답안지의 주·객관식 답안 란에는 검정색 펜을 사용하시오.
5. 답안지의 수정 방법:
   - 객관식 답안의 수정은 수정 테이프만을 사용하시오.
   - 주관식 답안의 수정은 수정 테이프를 사용하거나, 두 줄을 긋고 다시 작성하시오.
6. 주관식은 임의로 간자나 약자를 기입할 경우 오답으로 처리되니 반드시 정자로 정서하여 기입하시오.
7. 문항 번호와 답안지의 번호(객관식과 주관식 구분)를 잘 확인하여 답안을 작성하시오.
8. 수험생의 잘못으로 인해 답안지에 이물질이 묻거나, 객관식 답안을 복수로 표기할 경우 오답으로 처리되니 답안지를 구기거나 낙서하는 등 훼손하지 마시오.
9. 시험 시간이 종료되면 필기를 멈추고 감독관의 안내에 따르시오.
10. 시험 시작 후 휴대전화 등 전자기기를 조작하거나 사용하면 부정행위로 처리되니 주의하시오.

■ 이 문제지는 응시자가 가지고 가셔도 됩니다.

社團法人 漢字敎育振興會
韓國漢字實力評價院

# 제1회 한자실력급수 [6급] 문제지

### 객관식 (1~30번)

※ [ ] 안의 한자의 음(소리)으로 알맞은 것은?

1. [力] ①심 ②력 ③방 ④합
2. [石] ①석 ②구 ③산 ④금
3. [母] ①녀 ②부 ③모 ④무
4. [火] ①목 ②불 ③화 ④수
5. [川] ①강 ②주 ③삼 ④천

※ [ ] 안의 한자와 음이 같은 한자는?

6. [水] ①手 ②寸 ③子 ④門
7. [天] ①七 ②千 ③向 ④方
8. [白] ①土 ②百 ③弟 ④下

※ [ ] 안의 한자와 뜻이 반대되거나 상대되는 한자는?

9. [月] ①夫 ②金 ③心 ④日
10. [男] ①女 ②八 ③北 ④靑

※ 〈보기〉의 단어들과 관련이 깊은 한자는?

11. 〈보기〉 대장간 공장 장인
    ①立 ②內 ③工 ④木
12. 〈보기〉 현충일 육각형 육하원칙
    ①西 ②父 ③六 ④目
13. 〈보기〉 숫자 구미호 곱셈구구
    ①入 ②九 ③上 ④山

※ [ ] 안의 설명에 맞는 한자어를 완성할 때, ○에 들어갈 한자는?

14. ○名 : [같은 이름]
    ①小 ②外 ③十 ④同
15. ○生 : [한평생]
    ①一 ②兄 ③少 ④正

※ [ ] 안의 한자어의 독음(소리)으로 알맞은 것은?

16. 모든 일은 [結果]만큼 과정도 중요합니다.
    ①노력 ②실과 ③결과 ④결정
17. 그는 건강상의 [理由]로 일을 쉬었습니다.
    ①이유 ②문제 ③근거 ④사유
18. 물건들이 [順序] 없이 어질러져 있습니다.
    ①정리 ②순서 ③질서 ④배열
19. 열이 나는지 [溫度]를 재어 보았습니다.
    ①정도 ②열기 ③신체 ④온도
20. 이 영화는 원작과 다소 [差異]가 있습니다.
    ①격차 ②차도 ③차이 ④보도

※ [ ] 안의 한자어의 뜻으로 알맞은 것은?

21. [物體]
    ① 물건의 형체
    ② 종류에 따라서 가름.
    ③ 해답을 요구하는 물음
    ④ 물체나 장소 따위의 가장자리

22. [ 點 ]
　① 어떤 대상의 둘레
　② 서로 같지 아니하고 다름.
　③ 일정한 경로를 한 바퀴 돎.
　④ 모든 도형의 구성 요소인 가장 단순한 도형

23. [ 役割 ]
　① 드러내어 나타냄.
　② 충분히 잘 이용함.
　③ 자기가 마땅히 해야 할 맡은 일
　④ 위험이 생기거나 사고가 날 염려가 없음.

24. [ 器具 ]
　① 생각한 것을 실제로 행함.
　② 어떤 지점과 다른 지점과의 사이
　③ 세간, 도구, 기계 따위를 통틀어 이르는 말
　④ 둘 이상의 여럿 사이에 두루 통하고 관계됨.

25. [ 圖形 ]
　① 가장 좋음.
　② 그림의 모양이나 형태
　③ 물건값을 헤아려 매김.
　④ 다른 것에 비하여 특별히 눈에 뜨이는 점

※ [ ] 안에 들어갈 한자어로 알맞은 것은?

26. 후반으로 갈수록 점수 [ ]가 벌어졌습니다.
　① 加熱　② 苦悶　③ 半　④ 差

27. 2와 5를 [ ]하면 7이 됩니다.
　① 分數　② 儉素　③ 合　④ 周邊

28. 참가자들을 두 팀으로 [ ]하였습니다.
　① 着陸　② 賞品　③ 分離　④ 式

29. 로켓을 [ ]으로 쏘아 올렸습니다.
　① 標語　② 孝道　③ 友愛　④ 垂直

30. 잠시 후 영어 듣기 [ ]가 시작됩니다.
　① 評價　② 配列　③ 角　④ 化學

### 주관식 (31~80번)

※ 한자의 훈(뜻)과 음(소리)을 한글로 쓰시오.

31. 口 (　　　　　)
32. 男 (　　　　　)
33. 兄 (　　　　　)
34. 外 (　　　　　)
35. 王 (　　　　　)
36. 下 (　　　　　)
37. 五 (　　　　　)
38. 主 (　　　　　)
39. 江 (　　　　　)
40. 天 (　　　　　)

※ [ ] 안의 뜻을 가진 한자를 〈보기〉에서 찾아 쓰시오.

〈보기〉　水 方 足 八 西 夕 入 正 東 弟

41. 신이 [ 발 ]에 맞습니다. (　　　　)
42. [ 동녘 ]이 밝아 옵니다. (　　　　)
43. [ 모 ]난 돌이 정 맞습니다. (　　　　)
44. [ 서쪽 ]으로 해가 집니다. (　　　　)
45. [ 물 ]로 입 안을 헹굽니다. (　　　　)
46. 아침[ 저녁 ]으로 선선한 바람이 붑니다.
　(　　　　)
47. 준비 운동을 하고 물속에 [ 들어갑니다 ].
　(　　　　)
48. 역사를 [ 바르게 ] 이해해야 합니다.
　(　　　　)
49. 형과 [ 아우 ]가 함께 길을 가다가 금덩이를 주웠습니다. (　　　　)
50. 정육면체의 꼭짓점은 [ 여덟 ] 개입니다.
　(　　　　)

뒷면에 있는 문제도 꼭 풀어 주세요.

※ 훈(뜻)과 음(소리)에 맞는 한자를 〈보기〉에서 찾아 쓰시오.

| 〈보기〉 | 白 二 川 文 門 向 青 月 目 金 |
|---|---|

51. 쇠 금 / 성 김 (　　　)
52. 눈　　　목 (　　　)
53. 글월　　문 (　　　)
54. 두　　　이 (　　　)
55. 향할　　향 (　　　)
56. 내　　　천 (　　　)
57. 흰　　　백 (　　　)
58. 문　　　문 (　　　)
59. 달　　　월 (　　　)
60. 푸를　　청 (　　　)

※ 한자어의 독음(소리)을 한글로 쓰시오.

61. 內心 (　　　)
62. 出生 (　　　)
63. 四寸 (　　　)
64. 自立 (　　　)
65. 土山 (　　　)
66. 北上 (　　　)
67. 三日 (　　　)
68. 父子 (　　　)
69. 夫人 (　　　)
70. 七十 (　　　)

※ [가로 열쇠]와 [세로 열쇠]를 참고하여 빈칸에 공통으로 들어갈 한자를 쓰시오.

71. 
| 土 | | 세로 열쇠 | 흙과 나무 |
| | 石 | 가로 열쇠 | 나무와 돌 |

72.
| 入 | | 세로 열쇠 | 손에 들어옴. |
| | 足 | 가로 열쇠 | 손과 발 |

73.
| 一 | | 세로 열쇠 | 본명 이외에 한편에서 따로 부르는 이름 |
| | 文 | 가로 열쇠 | 뛰어나게 잘 지은 글 |

※ [ ] 안의 단어를 한자로 쓰시오.

74. 어머니는 [ 중소 ] 기업에 다니십니다.
(　　　)

75. 이 영화는 [ 연소 ]자도 관람할 수 있습니다.
(　　　)

※ [ ] 안의 한자어를 한글로 쓰시오.

76. [ 觀察 ]한 것을 기록할 때는 간결하고 명료하게 씁니다. (　　　)

77. 각은 반드시 직선인 [ 邊 ]끼리 만나야 합니다.
(　　　)

78. 사람은 끊임없이 새로운 도구를 [ 發明 ]합니다. (　　　)

79. 머릿속으로 [ 計算 ]하는 것을 암산이라고 합니다. (　　　)

80. 나의 생활 습관을 [ 反省 ]해 보았습니다.
(　　　)

합격자 발표: 200○. ○○. ○○
결과 조회: 홈페이지(www.hanja114.org) 접속
(성명, 생년월일, 수험번호 필수 기재)

# 정답 및 해설 • 한자 도레미

### 1~12  수·위치 한자

● 생활 쏙쏙

| 8쪽 | (1) 일방 (2) 일생 | 9쪽 | (1) 이십 (2) 일이 |
| 10쪽 | (1) 삼남 (2) 삼월 | 11쪽 | (1) 사십 (2) 삼사 |
| 12쪽 | (1) 오월 (2) 오일 | 13쪽 | (1) 오륙 (2) 육천 |
| 14쪽 | (1) 칠백 (2) 칠십 | 15쪽 | (1) 이팔 (2) 팔방 |
| 16쪽 | (1) 구십 (2) 구일 | 17쪽 | (1) 삼십 (2) 십년 |
| 18쪽 | (1) 백방 (2) 백일 | 19쪽 | (1) 삼천 (2) 천금 |
| 20쪽 | (1) 대소 (2) 소인 | 21쪽 | (1) 다소 (2) 소년 |
| 22쪽 | (1) 내심 (2) 내외 | 23쪽 | (1) 외출 (2) 외삼촌 |
| 24쪽 | (1) 수상 (2) 연상 | 25쪽 | (1) 중심 (2) 중천 |
| 26쪽 | (1) 상하 (2) 하향 | 27쪽 | (1) 남향 (2) 향상 |
| 28쪽 | (1) 동방 (2) 동향 | 29쪽 | (1) 동서 (2) 서산 |
| 30쪽 | (1) 남북 (2) 남산 | 31쪽 | (1) 북방 (2) 북상 |

### 13  와우! 내 실력!

32~33쪽

1.

2. (1) ② (2) ①   3. (1) ③ (2) ①
4. (1) ⑤ (2) ④   5. (1) 구십 (2) 삼백 (3) 동서
6. (1) 中小 (2) 二千

### 14~25  사람·행동 한자

● 생활 쏙쏙

| 34쪽 | (1) 부녀 (2) 부모 | 35쪽 | (1) 모녀 (2) 모자 |
| 36쪽 | (1) 부자 (2) 왕자 | 37쪽 | (1) 여자 (2) 자녀 |
| 38쪽 | (1) 친형 (2) 형부 | 39쪽 | (1) 제자 (2) 형제 |
| 40쪽 | (1) 자주 (2) 주인 | 41쪽 | (1) 인명 (2) 인생 |
| 42쪽 | (1) 대왕 (2) 여왕 | 43쪽 | (1) 부인 (2) 인부 |
| 44쪽 | (1) 남녀 (2) 남자 | 45쪽 | (1) 목공 (2) 인공 |
| 46쪽 | (1) 면목 (2) 이목 | 47쪽 | (1) 자력 (2) 자생 |
| 48쪽 | (1) 식구 (2) 입구 | 49쪽 | (1) 심중 (2) 인심 |
| 50쪽 | (1) 수중 (2) 입수 | 51쪽 | (1) 수족 (2) 자족 |
| 52쪽 | (1) 삼촌 (2) 촌각 | 53쪽 | (1) 수력 (2) 인력 |
| 54쪽 | (1) 입학 (2) 출입 | 55쪽 | (1) 일출 (2) 출구 |
| 56쪽 | (1) 자립 (2) 중립 | 57쪽 | (1) 정대 (2) 정정 |

### 26  와우! 내 실력!

58~59쪽

1. (1) 子 (2) 父 (3) 口 (4) 母
2. (1) ② (2) ①   3. (1) ④ (2) ④
4. (1) ② (2) ①   5. (1) 主 (2) 男

### 27~37  자연·기타 한자

● 생활 쏙쏙

| 60쪽 | (1) 생일 (2) 칠일 | 61쪽 | (1) 구월 (2) 일월 |
| 62쪽 | (1) 화력 (2) 화산 | 63쪽 | (1) 수문 (2) 수중 |
| 64쪽 | (1) 목석 (2) 토목 | 65쪽 | (1) 백금 (2) 출금 |
| 66쪽 | (1) 백토 (2) 토산 | 67쪽 | (1) 산수 (2) 입산 |
| 68쪽 | (1) 강산 (2) 강중 | 69쪽 | (1) 산천 (2) 하천 |
| 70쪽 | (1) 석공 (2) 수석 | 71쪽 | (1) 천생 (2) 천하 |
| 72쪽 | (1) 연중 (2) 팔년 | 73쪽 | (1) 석일 (2) 칠석 |
| 74쪽 | (1) 청산 (2) 청천 | 75쪽 | (1) 백마 (2) 청백색 |

## 정답 및 해설 • 한자 도레미

**76쪽** (1) 생생 (2) 출생　**77쪽** (1) 남문 (2) 출입문
**78쪽** (1) 동명 (2) 명산　**79쪽** (1) 명문 (2) 문인
**80쪽** (1) 방향 (2) 사방　**81쪽** (1) 동문 (2) 동일

### 38 와우! 내 실력!

**82~83쪽**

1. (1) 해/날 일 (2) 메 산 (3) 나무 목
   (4) 돌 석　(5) 불 화 (6) 물 수
2. (1) ① 　(2) ②　　3. (1) ③
4. (1) ②　(2) ①　　5. (1) 山 (2) 名

### 39~42 국어·사회·도덕 교과서 한자어

**84쪽** ● 생활 쏙쏙 (1) 낭송 (2) 대화
　　　● 퀴즈 띵똥 暗誦
**85쪽** ● 생활 쏙쏙 (1) 결과 (2) 활용
　　　● 퀴즈 띵똥 ③
**86쪽** ● 생활 쏙쏙 (1) 평소 (2) 표어
　　　● 퀴즈 띵똥 ②
**87쪽** ● 생활 쏙쏙 (1) 상품 (2) 이해
　　　● 퀴즈 띵똥 ①
**88쪽** ● 생활 쏙쏙 (1) 효도 (2) 화목
　　　● 퀴즈 띵똥 (1) 우애 (2) 화목
**89쪽** ● 생활 쏙쏙 (1) 무관심 (2) 이유
　　　● 퀴즈 띵똥 ①
**90쪽** ● 생활 쏙쏙 (1) 검소 (2) 실천
　　　● 퀴즈 띵똥 (1) 검소 (2) 실천
**91쪽** ● 생활 쏙쏙 (1) 반성 (2) 최선
　　　● 퀴즈 띵똥 ③

### 43 와우! 내 실력!

**92~93쪽**

1.

2. (1) ③　(2) ②　　3. (1) ④　(2) ①
4. (1) 대화 (2) 고민 (3) 반성

### 44~47 수학 교과서 한자어

**94쪽** ● 생활 쏙쏙 (1) 시간 (2) 식
　　　● 퀴즈 띵똥 計算
**95쪽** ● 생활 쏙쏙 (1) 분수 (2) 합
　　　● 퀴즈 띵똥 ②
**96쪽** ● 생활 쏙쏙 (1) 도형 (2) 점
　　　● 퀴즈 띵똥 ①
**97쪽** ● 생활 쏙쏙 (1) 수직 (2) 각
　　　● 퀴즈 띵똥 ②
**98쪽** ● 생활 쏙쏙 (1) 순서, 배열 (2) 방법
　　　● 퀴즈 띵똥 配列
**99쪽** ● 생활 쏙쏙 (1) 공통 (2) 분류
　　　● 퀴즈 띵똥 ③

# 정답 및 해설 • 실력 띵똥땡

**100쪽** • **생활 쏙쏙** (1) 주변  (2) 특징, 반
• **퀴즈 띵똥** (1) 특징  (2) 반
**101쪽** • **생활 쏙쏙** (1) 표  (2) 문제
• **퀴즈 띵똥** ④

## 48 와우! 내 실력!

**102~103쪽**

1. 問題 문제, 分數 분수, 合 합, 差 차, 計算 계산
2. (1) ④  (2) ①    3. (1) ①  (2) ④
4. (1) 순서  (2) 표  (3) 방법

## 49~51 과학 교과서 한자어

**104쪽** • **생활 쏙쏙** (1) 화학  (2) 표현
• **퀴즈 띵똥** ③
**105쪽** • **생활 쏙쏙** (1) 구간  (2) 이용
• **퀴즈 띵똥** ③
**106쪽** • **생활 쏙쏙** (1) 분리  (2) 실험
• **퀴즈 띵똥** ④
**107쪽** • **생활 쏙쏙** (1) 가열  (2) 기구
• **퀴즈 띵똥** 溫度
**108쪽** • **생활 쏙쏙** (1) 안전  (2) 착륙
• **퀴즈 띵똥** (1) 안전  (2) 착륙
**109쪽** • **생활 쏙쏙** (1) 발명  (2) 평가
• **퀴즈 띵똥** 發明

## 52 와우! 내 실력!

**110~111쪽**

1. (1) 發明 발명  (2) 觀察 관찰  (3) 加熱 가열
   (4) 器具 기구  (5) 溫度 온도  (6) 實驗 실험
2. (1) ③  (2) ②    3. (1) ③  (2) ②
4. (1) 분리  (2) 물체  (3) 평가

## 53 제1회 기출 및 예상 문제  116~118쪽

| 1 ① | 2 ④ | 3 ④ | 4 ② | 5 ③ |
| 6 ③ | 7 ① | 8 ④ | 9 ① | 10 ① |
| 11 ② | 12 ① | 13 ② | 14 ② | 15 ④ |
| 16 ① | 17 ③ | 18 ④ | 19 ① | 20 ② |
| 21 ① | 22 ② | 23 ④ | 24 ② | 25 ② |
| 26 ② | 27 ④ | 28 ① | 29 ③ | 30 ① |

31 여섯 륙  32 눈 목  33 강 강  34 넉 사  35 발 족  36 일곱 칠  37 석 삼  38 문 문  39 아홉 구  40 장인 공  41 金  42 夕  43 正  44 靑  45 中  46 人  47 十  48 子  49 入  50 天  51 立  52 一  53 土  54 川  55 二  56 白  57 外  58 八  59 寸  60 千  61 목석  62 명문  63 출생  64 상하  65 오일  66 남북  67 백방  68 수력  69 소년  70 삼촌  71 向  72 王  73 月  74 兄弟  75 父母  76 결과  77 물체  78 방법  79 평소  80 주변

21 ① 加熱(가열), ② 計算(계산), ③ 賞品(상품), ④ 恭遜(공손)

22 ① 問題(문제), ② 圖形(도형), ③ 邊(변), ④ 半(반)

23 ① 最善(최선), ② 表現(표현), ③ 活用(활용), ④ 孝道(효도)

24 ① 合(합), ② 理解(이해), ③ 一周(일주), ④ 平素(평소)

25 ① 分離(분리), ② 溫度(온도), ③ 實驗(실험), ④ 暗誦(암송)

26 ① 식, ② 발명, ③ 역할, ④ 우애

27 ① 분수, ② 배열, ③ 수직, ④ 이유

28 ① 반, ② 변, ③ 합, ④ 표

29 ① 각, ② 착륙, ③ 혼합물, ④ 평가

30 ① 검소, ② 기구, ③ 낭송, ④ 문제

## 정답 및 해설 • 실력 띵똥땡

### 54  제2회 기출 및 예상 문제 119~121쪽

1 ②  2 ③  3 ④  4 ④  5 ①
6 ④  7 ②  8 ①  9 ②  10 ③
11 ③  12 ②  13 ④  14 ①  15 ②
16 ④  17 ②  18 ②  19 ③  20 ①
21 ③  22 ③  23 ③  24 ④  25 ②
26 ①  27 ②  28 ④  29 ②  30 ④
31 이름 명  32 입구  33 쇠금 / 성김  34 흙 토  35 하늘 천  36 마디 촌  37 두 이  38 바를 정  39 적을 소  40 위 상  41 四  42 東  43 一  44 下  45 白  46 九  47 立  48 西  49 向  50 六  51 三  52 夕  53 北  54 江  55 南  56 夫  57 入  58 中  59 男  60 青  61 수족  62 오천  63 소심  64 목공  65 문인  66 팔십  67 부모  68 내외  69 자제  70 주력  71 出  72 水  73 自  74 百方  75 生日  76 시간  77 종류  78 표현  79 화학  80 평가

21 ① 賞品(상품), ② 分類(분류), ③ 實踐(실천), ④ 時間(시간)
22 ① 物體(물체), ② 分離(분리), ③ 無關心(무관심), ④ 苦悶(고민)
23 ① 結果(결과), ② 對話(대화), ③ 區間(구간), ④ 器具(기구)
24 ① 差(차), ② 差異(차이), ③ 一周(일주), ④ 理由(이유)
25 ① 表現(표현), ② 和睦(화목), ③ 混合物(혼합물), ④ 特徵(특징)
26 ① 낭송, ② 물체, ③ 역할, ④ 주변
27 ① 분수, ② 발명, ③ 공손, ④ 이유
28 ① 효도, ② 도형, ③ 우애, ④ 안전
29 ① 암송, ② 순서, ③ 가열, ④ 최선
30 ① 결과, ② 상품, ③ 각, ④ 특징

### 55  제3회 기출 및 예상 문제 122~124쪽

1 ②  2 ①  3 ①  4 ④  5 ④
6 ②  7 ②  8 ②  9 ②  10 ③
11 ③  12 ④  13 ①  14 ④  15 ④
16 ④  17 ③  18 ③  19 ①  20 ②
21 ④  22 ④  23 ④  24 ④  25 ①
26 ③  27 ②  28 ④  29 ④  30 ②
31 아래 하  32 내 천  33 남녘 남  34 흰 백  35 서녘 서  36 석 삼  37 아우 제  38 물 수  39 어머니 모  40 스스로 자  41 少  42 小  43 土  44 心  45 五  46 千  47 外  48 二  49 王  50 百  51 青  52 立  53 九  54 父  55 金  56 正  57 兄  58 文  59 四  60 六  61 방향  62 화력  63 여자  64 생일  65 일년  66 동문  67 출입  68 석공  69 명목  70 구내  71 山  72 北  73 母  74 主人  75 八月  76 점  77 차이  78 이용  79 역할  80 수직

21 ① 物體(물체), ② 分類(분류), ③ 問題(문제), ④ 苦悶(고민)
22 ① 賞品(상품), ② 溫度(온도), ③ 角(각), ④ 友愛(우애)
23 ① 計算(계산), ② 分離(분리), ③ 無關心(무관심), ④ 實驗(실험)
24 ① 周邊(주변), ② 暗誦(암송), ③ 對話(대화), ④ 儉素(검소)
25 ① 最善(최선), ② 種類(종류), ③ 半(반), ④ 器具(기구)
26 ① 가열, ② 평가, ③ 각, ④ 낭송
27 ① 계산, ② 기구, ③ 반성, ④ 무관심
28 ① 효도, ② 순서, ③ 실험, ④ 공통
29 ① 실천, ② 암송, ③ 식, ④ 변
30 ① 안전, ② 표, ③ 효도, ④ 화학

### 56  제4회 기출 및 예상 문제  125~127쪽

1 ④  2 ④  3 ②  4 ③  5 ①
6 ①  7 ③  8 ②  9 ③  10 ①
11 ④  12 ②  13 ③  14 ①  15 ④
16 ④  17 ③  18 ①  19 ②  20 ③
21 ④  22 ④  23 ④  24 ①  25 ①
26 ③  27 ①  28 ②  29 ①  30 ②
31 지아비 부  32 여섯 륙  33 모 방  34 푸를 청
35 물 수  36 힘 력  37 들 입  38 작을 소  39 내 천  40 바를 정  41 西  42 父  43 門  44 手  45 七  46 白  47 四  48 名  49 北  50 力  51 目  52 男  53 天  54 江  55 王  56 千  57 口  58 內  59 東  60 南  61 모자  62 화산  63 형제  64 자주  65 중립  66 이십  67 팔월  68 하향  69 토목  70 삼촌  71 心  72 五  73 生  74 年上  75 人工  76 각  77 검소  78 안전  79 온도  80 차

21 ① 表現(표현), ② 賞品(상품), ③ 合(합), ④ 問題(문제)
22 ① 差異(차이), ② 平素(평소), ③ 特徵(특징), ④ 觀察(관찰)
23 ① 周邊(주변), ② 一周(일주), ③ 利用(이용), ④ 朗誦(낭송)
24 ① 溫度(온도), ② 實驗(실험), ③ 半(반), ④ 時間(시간)
25 ① 分離(분리), ② 暗誦(암송), ③ 役割(역할), ④ 安全(안전)
26 ① 실천, ② 점, ③ 상품, ④ 거리
27 ① 시간, ② 화학, ③ 주변, ④ 종류
28 ① 공통, ② 공손, ③ 혼합물, ④ 이해
29 ① 평소, ② 배열, ③ 화목, ④ 고민
30 ① 활용, ② 효도, ③ 착륙, ④ 온도

### 57  제5회 기출 및 예상 문제  128~130쪽

1 ④  2 ①  3 ③  4 ④  5 ④
6 ②  7 ①  8 ③  9 ①  10 ④
11 ④  12 ③  13 ③  14 ②  15 ④
16 ④  17 ③  18 ④  19 ④  20 ④
21 ④  22 ④  23 ④  24 ①  25 ②
26 ②  27 ④  28 ①  29 ③  30 ④
31 저녁 석  32 일천 천  33 바깥 외  34 지아비 부  35 해/날 일  36 푸를 청  37 내 천  38 다섯 오  39 문 문  40 동녘 동  41 木  42 目  43 名  44 工  45 百  46 父  47 上  48 水  49 南  50 火  51 八  52 力  53 男  54 生  55 年  56 少  57 同  58 小  59 立  60 山  61 백금  62 출입  63 자녀  64 자주  65 정월  66 상향  67 형제  68 사촌  69 구십  70 내심  71 中  72 七  73 土  74 手足  75 人口  76 분류  77 실험  78 암송  79 이용  80 점

21 ① 物體(물체), ② 無關心(무관심), ③ 平素(평소), ④ 理由(이유)
22 ① 表現(표현), ② 周邊(주변), ③ 對話(대화), ④ 儉素(검소)
23 ① 分離(분리), ② 邊(변), ③ 配列(배열), ④ 着陸(착륙)
24 ① 評價(평가), ② 實踐(실천), ③ 利用(이용), ④ 苦悶(고민)
25 ① 最善(최선), ② 順序(순서), ③ 活用(활용), ④ 孝道(효도)
26 ① 가열, ② 결과, ③ 공통, ④ 안전
27 ① 각, ② 기구, ③ 온도, ④ 고민
28 ① 공손, ② 표어, ③ 일주, ④ 역할
29 ① 활용, ② 종류, ③ 표, ④ 반성
30 ① 화학, ② 화목, ③ 방법, ④ 발명

## 정답 및 해설 • 실력 띵똥땡

### 58  제6회 기출 및 예상 문제  131~133쪽

1 ③  2 ②  3 ②  4 ③  5 ④
6 ②  7 ①  8 ④  9 ④  10 ③
11 ④  12 ④  13 ②  14 ③  15 ④
16 ②  17 ③  18 ④  19 ②  20 ①
21 ②  22 ④  23 ③  24 ①  25 ④
26 ③  27 ②  28 ②  29 ③  30 ①
31 남녘 남  32 사내 남  33 눈 목  34 흰 백  35 북녘 북  36 석 삼  37 서녘 서  38 저녁 석  39 작을 소  40 열 십  41 上  42 母  43 石  44 手  45 江  46 弟  47 主  48 寸  49 土  50 八  51 兄  41 七  53 正  54 母  55 五  56 水  57 四  58 夫  59 名  60 東  61 중심  62 여왕  63 인생  64 동일  65 자족  66 하향  67 목공  68 구백  69 이일  70 소년  71 門  72 天  73 方  74 出金  75 火山  76 표어  77 활용  78 차이  79 실천  80 식

21 ① 結果(결과), ② 種類(종류), ③ 共通(공통), ④ 角(각)

22 ① 計算(계산), ② 順序(순서), ③ 恭遜(공손), ④ 特徵(특징)

23 ① 物體(물체), ② 分離(분리), ③ 混合物(혼합물), ④ 觀察(관찰)

24 ① 合(합), ② 分類(분류), ③ 實踐(실천), ④ 區間(구간)

25 ① 差(차), ② 理解(이해), ③ 役割(역할), ④ 表(표)

26 ① 수직, ② 온도, ③ 최선, ④ 암송

27 ① 이해, ② 화학, ③ 반성, ④ 무관심

28 ① 역할, ② 실험, ③ 차, ④ 화목

29 ① 이유, ② 착륙, ③ 표현, ④ 효도

30 ① 일주, ② 방법, ③ 평소, ④ 시간

### 59  제7회 기출 및 예상 문제  134~136쪽

1 ④  2 ①  3 ②  4 ②  5 ③
6 ①  7 ④  8 ③  9 ②  10 ④
11 ④  12 ①  13 ②  14 ②  15 ①
16 ②  17 ③  18 ③  19 ④  20 ①
21 ④  22 ④  23 ①  24 ②  25 ④
26 ④  27 ④  28 ②  29 ③  30 ④
31 해 년  32 설 립  33 어머니 모  34 불 화  35 두 이  36 위 상  37 눈 목  38 여섯 륙  39 쇠 금 / 성 김  40 나무 목  41 中  42 口  43 文  44 四  45 少  46 月  47 子  48 自  49 向  50 出  51 一  52 入  53 弟  54 主  55 内  56 土  57 南  58 西  59 日  60 川  61 공부  62 사방  63 강산  64 백수  65 수문  66 여인  67 동력  68 오십  69 팔천  70 청천  71 小  72 外  73 兄  74 三寸  75 七夕  76 무관심  77 이해  78 온도  79 차  80 분리

21 ① 結果(결과), ② 問題(문제), ③ 溫度(온도), ④ 對話(대화)

22 ① 平素(평소), ② 邊(변), ③ 半(반), ④ 配列(배열)

23 ① 圖形(도형), ② 評價(평가), ③ 種類(종류), ④ 利用(이용)

24 ① 周邊(주변), ② 垂直(수직), ③ 差異(차이), ④ 實踐(실천)

25 ① 理解(이해), ② 時間(시간), ③ 友愛(우애), ④ 發明(발명)

26 ① 역할, ② 상품, ③ 반성, ④ 가열

27 ① 분류, ② 최선, ③ 문제, ④ 착륙

28 ① 구간, ② 합, ③ 화목, ④ 화학

29 ① 표어, ② 이용, ③ 각, ④ 활용

30 ① 시간, ② 이유, ③ 우애, ④ 관찰

### 60  제8회 기출 및 예상 문제 137~139쪽

| 1 ③ | 2 ③ | 3 ② | 4 ① | 5 ② |
|---|---|---|---|---|
| 6 ① | 7 ③ | 8 ① | 9 ④ | 10 ② |
| 11 ③ | 12 ④ | 13 ① | 14 ④ | 15 ① |
| 16 ④ | 17 ③ | 18 ② | 19 ① | 20 ④ |
| 21 ④ | 22 ① | 23 ④ | 24 ③ | 25 ④ |
| 26 ② | 27 ② | 28 ④ | 29 ① | 30 ③ |

31 한가지 동 32 힘 력 33 글월 문 34 넉 사 35 돌 석 36 한 일 37 스스로 자 38 동녘 동 39 흙 토 40 일곱 칠 41 下 42 川 43 日 44 王 45 生 46 木 47 小 48 心 49 二 50 青 51 寸 52 火 53 夕 54 西 55 足 56 子 57 父 58 上 59 百 60 主 61 외출 62 오륙 63 형부 64 명산 65 강남 66 구십 67 천금 68 중립 69 천공 70 입구 71 八 72 人 73 內 74 正月 75 北方 76 순서 77 우애 78 이유 79 일주 80 착륙

21 ① 物體(물체), ② 分類(분류), ③ 觀察(관찰), ④ 距離(거리)
22 ① 結果(결과), ② 順序(순서), ③ 儉素(검소), ④ 時間(시간)
23 ① 最善(최선), ② 差(차), ③ 役割(역할), ④ 反省(반성)
24 ① 計算(계산), ② 合(합), ③ 邊(변), ④ 混合物(혼합물)
25 ① 加熱(가열), ② 活用(활용), ③ 角(각), ④ 安全(안전)
26 ① 각, ② 식, ③ 반, ④ 차
27 ① 평소, ② 이용, ③ 특징, ④ 역할
28 ① 수직, ② 화학, ③ 주변, ④ 암송
29 ① 기구, ② 도형, ③ 발명, ④ 검소
30 ① 착륙, ② 공통, ③ 대화, ④ 무관심

### 61  제9회 기출 및 예상 문제 140~142쪽

| 1 ④ | 2 ② | 3 ④ | 4 ② | 5 ③ |
|---|---|---|---|---|
| 6 ② | 7 ④ | 8 ① | 9 ② | 10 ① |
| 11 ① | 12 ④ | 13 ② | 14 ① | 15 ① |
| 16 ③ | 17 ① | 18 ② | 19 ③ | 20 ④ |
| 21 ② | 22 ① | 23 ② | 24 ④ | 25 ③ |
| 26 ④ | 27 ③ | 28 ④ | 29 ① | 30 ④ |

31 일백 백 32 지아비 부 33 아우 제 34 바를 정 35 두 이 36 저녁 석 37 들 입 38 마디 촌 39 내 천 40 적을 소 41 足 42 山 43 火 44 外 45 五 46 石 47 三 48 內 49 口 50 兄 51 七 52 工 53 主 54 力 55 六 56 自 57 下 58 十 59 母 60 手 61 인목 62 명문 63 남녀 64 청년 65 팔방 66 구월 67 토목 68 북향 69 동문 70 천상 71 효 72 金 73 江 74 一生 75 王子 76 상품 77 공통 78 구간 79 합 80 특징

21 ① 加熱(가열), ② 計算(계산), ③ 半(반), ④ 儉素(검소)
22 ① 最善(최선), ② 結果(결과), ③ 角(각), ④ 觀察(관찰)
23 ① 物體(물체), ② 分類(분류), ③ 配列(배열), ④ 方法(방법)
24 ① 評價(평가), ② 實踐(실천), ③ 暗誦(암송), ④ 苦悶(고민)
25 ① 順序(순서), ② 賞品(상품), ③ 役割(역할), ④ 恭遜(공손)
26 ① 배열, ② 분리, ③ 수직, ④ 차이
27 ① 이유, ② 발명, ③ 물체, ④ 분수
28 ① 반성, ② 실험, ③ 순서, ④ 우애
29 ① 무관심, ② 차, ③ 도형, ④ 낭송
30 ① 평소, ② 화학, ③ 효도, ④ 활용

## 정답 및 해설 • 실력 띵똥땡

### 62  제10회 기출 및 예상 문제  143~145쪽

| 1 ③ | 2 ② | 3 ③ | 4 ④ | 5 ① |
| 6 ② | 7 ① | 8 ④ | 9 ② | 10 ① |
| 11 ① | 12 ③ | 13 ④ | 14 ④ | 15 ④ |
| 16 ② | 17 ④ | 18 ① | 19 ④ | 20 ② |
| 21 ③ | 22 ① | 23 ④ | 24 ④ | 25 ③ |
| 26 ② | 27 ② | 28 ② | 29 ① | 30 ④ |

31 일백 백  32 계집 녀  33 손 수  34 아버지 부  35 날 생  36 여덟 팔  37 달 월  38 불 화  39 푸를 청  40 향할 향  41 一  42 七  43 金  44 男  45 上  46 北  47 江  48 目  49 力  50 母  51 五  52 出  53 外  54 中  55 小  56 方  57 木  58 心  59 口  60 三  61 산천  62 왕립  63 남서  64 연소  65 동명  66 수석  67 천하  68 제자  69 정문  70 인문  71 夕  72 千  73 二  74 六十  75 四寸  76 화목  77 최선  78 반  79 낭송  80 거리

21 ① 合(합), ② 差異(차이), ③ 儉素(검소), ④ 混合物(혼합물)

22 ① 表現(표현), ② 周邊(주변), ③ 孝道(효도), ④ 和睦(화목)

23 ① 對話(대화), ② 區間(구간), ③ 恭遜(공손), ④ 角(각)

24 ① 圖形(도형), ② 問題(문제), ③ 實踐(실천), ④ 時間(시간)

25 ① 賞品(상품), ② 分離(분리), ③ 平素(평소), ④ 暗誦(암송)

26 ① 물체, ② 배열, ③ 결과, ④ 가열

27 ① 암송, ② 발명, ③ 분수, ④ 역할

28 ① 화목, ② 표어, ③ 분리, ④ 온도

29 ① 착륙, ② 변, ③ 문제, ④ 기구

30 ① 수직, ② 무관심, ③ 차, ④ 종류

### 63  최종 모의시험  148~150쪽

| 1 ② | 2 ① | 3 ③ | 4 ② | 5 ④ |
| 6 ① | 7 ② | 8 ② | 9 ④ | 10 ① |
| 11 ② | 12 ④ | 13 ② | 14 ④ | 15 ① |
| 16 ③ | 17 ① | 18 ② | 19 ④ | 20 ③ |
| 21 ① | 22 ④ | 23 ② | 24 ④ | 25 ② |
| 26 ④ | 27 ② | 28 ② | 29 ③ | 30 ① |

31 입 구  32 사내 남  33 맏 형  34 바깥 외  35 임금 왕  36 아래 하  37 다섯 오  38 주인 주  39 강 강  40 하늘 천  41 足  42 東  43 方  44 西  45 水  46 夕  47 入  48 正  49 弟  50 八  51 金  52 目  53 文  54 二  55 向  56 川  57 白  58 門  59 月  60 青  61 내심  62 출생  63 사촌  64 자립  65 토산  66 북상  67 삼일  68 부자  69 부인  70 칠십  71 木  72 手  73 名  74 中小  75 年少  76 관찰  77 변  78 발명  79 계산  80 반성

21 ① 物體(물체), ② 分類(분류), ③ 問題(문제), ④ 邊(변)

22 ① 周邊(주변), ② 差異(차이), ③ 一周(일주), ④ 點(점)

23 ① 表現(표현), ② 活用(활용), ③ 役割(역할), ④ 安全(안전)

24 ① 實踐(실천), ② 區間(구간), ③ 器具(기구), ④ 共通(공통)

25 ① 最善(최선), ② 圖形(도형), ③ 評價(평가), ④ 特徵(특징)

26 ① 가열, ② 고민, ③ 반, ④ 차

27 ① 분수, ② 검소, ③ 합, ④ 주변

28 ① 착륙, ② 상품, ③ 분리, ④ 식

29 ① 표어, ② 효도, ③ 우애, ④ 수직

30 ① 평가, ② 배열, ③ 각, ④ 화학

# 모바일 한자 카드 활용법

접속 → 저장 → 활용

언제 어디서든 쉽고 재미있게 6급 한자를
공부하고 싶다면 **모바일 기기로 아래의 QR코드에 접속 후
6급 한자 카드 파일을 다운 받으세요.**

QR코드를 스캔하면
모바일 한자 카드를
다운 받을 수 있어요.

⚠ 이 파일은 PPT 파일을
실행할 수 있는 애플리케이
션(Microsoft PowerPoint)이
모바일 기기에 설치되어 있
어야 합니다.

### 02

6급 한자 카드 파일을 연 후,
❶ 슬라이드 쇼를 실행(터치)하고, ❷ 공부하고자 하는 **한자의 주제를** 선택하세요.

슬라이드 쇼를 시작하면
이렇게 모바일 한자 카드가 시작돼요!

## 03

한자를 보고, 우측에 제시된 두 개의 '뜻과 음' 중에서
알맞은 것을 선택(터치) 후 정답을 확인하세요.

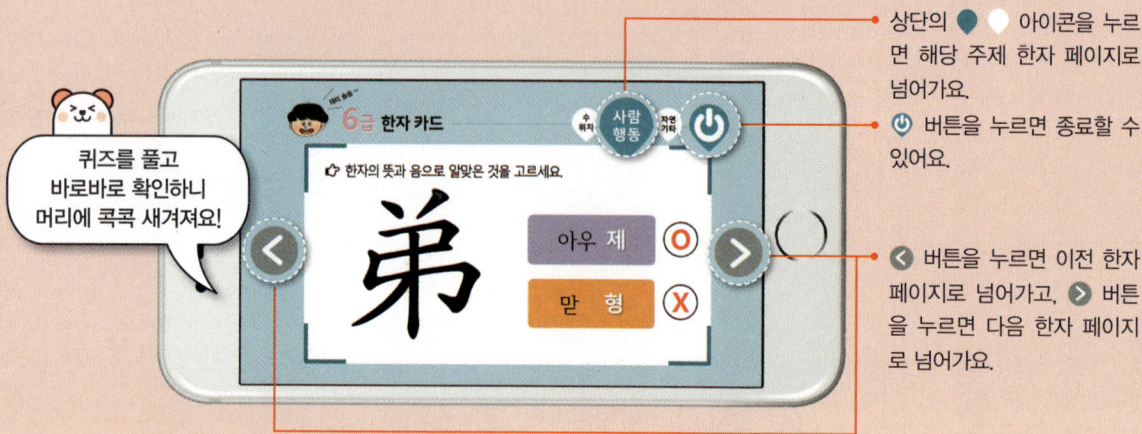

- 상단의 🔵 ⚪ 아이콘을 누르면 해당 주제 한자 페이지로 넘어가요.
- ⏻ 버튼을 누르면 종료할 수 있어요.
- ◀ 버튼을 누르면 이전 한자 페이지로 넘어가고, ▶ 버튼을 누르면 다음 한자 페이지로 넘어가요.

퀴즈를 풀고 바로바로 확인하니 머리에 콕콕 새겨져요!

## 04

쉬는 시간, 이동 중 언제라도 **쉽고 빠르게 6급 한자를 복습**할 수 있어요.

나는 등교하는 버스 안에서 6급 한자를 익혔어.

나는 놀 때도 틈틈이 6급 한자를 익혔지.

## ▶ YouTube ᴷᴿ
## 씽씽 한자 자격시험 ♪

유튜브에서
씽씽 한자 자격시험 8·7·6·5급
한자·한자어 동영상을 볼 수 있어요.

▲ QR코드를 스캔하여 동영상 바로가기!

준3급~6급 응시자용

# 한자자격시험 답안지

주관 (사)한자교육진흥회
시행 한국한자실력평가원

2 1

| 회 차 | 제 회 | 응시등급 | |
|---|---|---|---|
| 감독관 확 인 | 서명 | 준 3급 | ○ |
| | | 4급 | ○ |
| | | 준 4급 | ○ |
| | | 5급 | ○ |
| | | 준 5급 | ○ |
| | | 6급 | ○ |

| 성 명 | |
|---|---|

**수 험 번 호**

| | | | | | | | | | | | | | |
|---|---|---|---|---|---|---|---|---|---|---|---|---|---|
| | | | – | | | – | | | – | | | | |
| ⓪ | ⓪ | ⓪ | | ⓪ | ⓪ | | | ⓪ | | ⓪ | ⓪ | ⓪ | ⓪ |
| ① | ① | ① | | ① | ① | | | ① | | ① | ① | ① | ① |
| ② | ② | ② | | ② | ② | | | ② | | ② | ② | ② | ② |
| ③ | ③ | ③ | | ③ | ③ | | ③ | | | ③ | ③ | ③ | ③ |
| ④ | ④ | ④ | – | ④ | ④ | – | ④ | | – | ④ | ④ | ④ | ④ |
| ⑤ | ⑤ | ⑤ | | ⑤ | ⑤ | | ⑤ | | | ⑤ | ⑤ | ⑤ | ⑤ |
| ⑥ | ⑥ | ⑥ | | ⑥ | ⑥ | | ⑥ | | | ⑥ | ⑥ | ⑥ | ⑥ |
| ⑦ | ⑦ | ⑦ | | ⑦ | ⑦ | | | | | ⑦ | ⑦ | ⑦ | ⑦ |
| ⑧ | ⑧ | ⑧ | | ⑧ | ⑧ | | | | | ⑧ | ⑧ | ⑧ | ⑧ |
| ⑨ | ⑨ | ⑨ | | ⑨ | ⑨ | | | | | ⑨ | ⑨ | ⑨ | ⑨ |

**생 년 월 일**

| | | | | | |
|---|---|---|---|---|---|
| ⓪ | ⓪ | ⓪ | ⓪ | ⓪ | ⓪ |
| ① | ① | ① | ① | ① | ① |
| ② | ② | | ② | ② | ② |
| ③ | ③ | | ③ | ③ | ③ |
| ④ | ④ | | ④ | | ④ |
| ⑤ | ⑤ | | ⑤ | | ⑤ |
| ⑥ | ⑥ | | ⑥ | | ⑥ |
| ⑦ | ⑦ | | ⑦ | | ⑦ |
| ⑧ | ⑧ | | ⑧ | | ⑧ |
| ⑨ | ⑨ | | ⑨ | | ⑨ |

| 채점위원확인란 (응시자표기금지) |
|---|
| 초검 |
| 재검 |

**객 관 식 답 안 란**

| 번호 | 답 | 번호 | 답 |
|---|---|---|---|
| 1 | ① ② ③ ④ | 16 | ① ② ③ ④ |
| 2 | ① ② ③ ④ | 17 | ① ② ③ ④ |
| 3 | ① ② ③ ④ | 18 | ① ② ③ ④ |
| 4 | ① ② ③ ④ | 19 | ① ② ③ ④ |
| 5 | ① ② ③ ④ | 20 | ① ② ③ ④ |
| 6 | ① ② ③ ④ | 21 | ① ② ③ ④ |
| 7 | ① ② ③ ④ | 22 | ① ② ③ ④ |
| 8 | ① ② ③ ④ | 23 | ① ② ③ ④ |
| 9 | ① ② ③ ④ | 24 | ① ② ③ ④ |
| 10 | ① ② ③ ④ | 25 | ① ② ③ ④ |
| 11 | ① ② ③ ④ | 26 | ① ② ③ ④ |
| 12 | ① ② ③ ④ | 27 | ① ② ③ ④ |
| 13 | ① ② ③ ④ | 28 | ① ② ③ ④ |
| 14 | ① ② ③ ④ | 29 | ① ② ③ ④ |
| 15 | ① ② ③ ④ | 30 | ① ② ③ ④ |

**※답안지 작성요령**

1. 객관식 답은 해당번호에 검정색 펜으로 표기
   ▶바른표기 예 : ●
   ▶틀린표기 예 : ◑ ⊙ ✓ ⊗
2. 객관식 답을 수정할 때는 수정테이프를 사용
3. 주관식 답을 수정할 때는 두줄로 긋고 작성
4. 본 답안지를 구기거나 훼손하지 마시오.

| 문항 | 주관식 답안란 | 채점 | 문항 | 주관식 답안란 | 채점 |
|---|---|---|---|---|---|
| 31 | | ○ | 41 | | ○ |
| 32 | | ○ | 42 | | ○ |
| 33 | | ○ | 43 | | ○ |
| 34 | | ○ | 44 | | ○ |
| 35 | | ○ | 45 | | ○ |
| 36 | | ○ | 46 | | ○ |
| 37 | | ○ | 47 | | ○ |
| 38 | | ○ | 48 | | ○ |
| 39 | | ○ | 49 | | ○ |
| 40 | | ○ | 50 | | ○ |

※ 주관식 51 ~ 100번 답안란은 뒷면에 있음.

| 문항 | 주관식 답안란 | 채점 |
|---|---|---|
| 51 | | ○ |
| 52 | | ○ |
| 53 | | ○ |
| 54 | | ○ |
| 55 | | ○ |
| 56 | | ○ |
| 57 | | ○ |
| 58 | | ○ |
| 59 | | ○ |
| 60 | | ○ |

| 문항 | 주관식 답안란 | 채점 |
|---|---|---|
| 61 | | ○ |
| 62 | | ○ |
| 63 | | ○ |
| 64 | | ○ |
| 65 | | ○ |
| 66 | | ○ |
| 67 | | ○ |
| 68 | | ○ |
| 69 | | ○ |
| 70 | | ○ |

| 문항 | 주관식 답안란 | 채점 |
|---|---|---|
| 71 | | ○ |
| 72 | | ○ |
| 73 | | ○ |
| 74 | | ○ |
| 75 | | ○ |
| 76 | | ○ |
| 77 | | ○ |
| 78 | | ○ |
| 79 | | ○ |
| 80 | | ○ |

| 문항 | 주관식 답안란 | 채점 |
|---|---|---|
| 81 | | ○ |
| 82 | | ○ |
| 83 | | ○ |
| 84 | | ○ |
| 85 | | ○ |
| 86 | | ○ |
| 87 | | ○ |
| 88 | | ○ |
| 89 | | ○ |
| 90 | | ○ |

| 문항 | 주관식 답안란 | 채점 |
|---|---|---|
| 91 | | ○ |
| 92 | | ○ |
| 93 | | ○ |
| 94 | | ○ |
| 95 | | ○ |
| 96 | | ○ |
| 97 | | ○ |
| 98 | | ○ |
| 99 | | ○ |
| 100 | | ○ |

※ 응시자는 채점란의 ○표에 표기하지 마시오.